Wulfing von Rohr

Meditation

Ein Praxisbuch für den Alltag

Lüchow

Originalausgabe

Umschlaggestaltung: Nies-Lamott Design, Illingen
Umschlagfoto: Picture Arts/CORBIS
Satz: de·te·pe, Aalen
Druck und Bindung: Clausen & Bosse, Leck
Printed in Germany

ISBN 3-363-03063-0

www.luechow-verlag.de

Inhalt

Widmung und Dank

Dank sei all den Menschen gesagt, die mir und so vielen anderen direkt oder indirekt geholfen haben, Meditation als einen schier unerschöpflichen Kraftquell des Lebens zu entdecken. Dazu gehören zuerst Anneliese Harf und Paul Bergauer, die unvergessenen feinfühligen und kompetenten Leiter des Münchner Yogazentrums und meine ersten Meditationslehrer; Yogananda, Vivekananda und Ramana Maharshi, die großen Meditationsmeister aus Indien, die mich über ihre Bücher tiefer zur geistigen Entwicklung führten; Franziskus von Assisi, Meister Eckehart und Angelus Silesius als herausragende Persönlichkeiten der christlichen Mystik, deren Texte auch moderne Menschen zu inspirieren vermögen; Enomiya Lassalle und Willi Massa, die jeder auf seine Weise lehrten, Christentum und eigene Meditationserfahrung miteinander zu verbinden; und nicht zuletzt Sant Darshan Singh und Sant Rajinder Singh, spirituelle Meister des inneren Lichts und Tons und der positiven Mystik, von denen ich initiiert wurde.

Dank auch Divo Koeppen-Weber, die Begründerin der Alta Major-Methode, von der ich die Grundlagen einer aufrechten ganzheitlichen menschlichen Haltung lernte; Melitta und Hans-Joachim von Goertzke, durch die ich auf spirituellen Wegen, insbesondere dem Weg des Sant Mat, in fruchtbaren Diskussionen und schönen Meditationen weitergeführt wurde. Dank an meine Eltern und vor allem an »Hidda«, die für meinen Weg mehr getan hat, als sie vermutlich weiß; Dank an die Geschwister, vor allem an die unvergessene Angélique. Dank an Debra, Sharon, Ingrid, Ann Aura und besonders Ursula, die mich jeweils ein Stück des

Weges begleitet haben und das teils auch jetzt noch tun; Dank an viele Freunde, vor allem auch an GR Pfarrer Herbert Josef Schmatzberger und Dr. Chuck Spezzano sowie Sabrina Fox, die Spiritualität auf ihre ganz eigene sehr anregende Weise leben. Nicht zuletzt Dank an D., durch die ich noch ganzheitlichere Lebensformen finden durfte.

Ein Weg zur Mitte

Durch Meditation erschließen wir schier unerschöpfliche Lebenskräfte, erleben wir die ewige Schönheit unserer Seele, erfahren wir die unermesslichen Weiten der Schöpfung und verbinden wir uns mit dem allesdurchdringenden göttlichen Bewusstsein. Meditation ist einer der wichtigsten Schlüssel zu einem erfüllten Leben – im Alltag und auf einem Weg zur Selbstverwirklichung – und jeder Mensch »kann« meditieren!

Dieses Buch ist ein Handbuch, in dem Sie zahlreiche, von vielen Menschen lange erprobte konkrete Übungsvorschläge finden und das theoretische Handwerkszeug, um diese Übungen besser zu verstehen und einzuordnen. Sie lesen aber auch immer wieder über persönliche Erfahrungen und Begegnungen des Autors mit bestimmten Menschen im Zusammenhang mit den Einzelthemen. Damit soll deutlich werden, dass dieses Buch aus meiner Praxis als Hilfe für Ihre persönliche Praxis geschrieben ist von jemandem, der Meditationsschüler und Meditationskursleiter, aber nicht Meditationsmeister ist. Ich möchte Ihr Partner sein und Ihr Freund werden – aber Sie selbst tragen die Schlüssel zu Ihrem eigenen Lebensglück in Ihren Händen und Ihrem Herzen! Dazu sollen Sie mich etwas näher kennen lernen, damit Sie sich ein gewisses Bild davon machen können, aus welchen Wurzeln der Autor dieses Buches stammt und aus welchen geistigen Quellen er schöpft.

Persönliche Erfahrungen und Erlebnisse

In diesem Leben begannen meine bewussten Bemühungen um einen Weg zur Mitte am 1. April 1975. Ich kann das Datum auf den Tag genau festlegen, weil ich mich an diesem Tag – dem »April's fools day« – entschloss, vegetarisch zu essen. Um die Bedeutung dieser Entscheidung besser zu vermitteln, muss ich weiter zurückgehen. Ich hatte nie geraucht, wenn man die selbstgedrehten Buchenblattzigarren und die mit heimlich gekauftem Pfeifentabak unternommenen Rauchversuche als neun- und zehnjähriger Bursche nicht zählt. Unsere Eltern hatten uns allen, ich bin dieses Mal als achtes von neun Kindern zur Erde gekommen, versprochen, 300 Mark zu zahlen, wenn wir bis zum 21. Lebensjahr nicht rauchen würden. Das war damals, in den fünfziger und sechziger Jahren, sehr viel Geld! Und da die Eltern nicht rauchten, bestand also für uns Kinder auch keine Veranlassung dazu. Alkohol spielte ebenfalls keine große Rolle, weder bei uns in der Familie noch in meinem späteren Leben. Meine Eltern hatten dieses Leben zusammen mit zwei Geschwistern im März 1966 durch einen Autounfall im heutigen Namibia verlassen. Erst studierte ich Jura und Volkwirtschaft, wie es mein Vater wohl gewollt hätte, und wechselte dann zum Journalismus, zum Fernsehen über.

Bereits in der Zeit als freier Mitarbeiter, der auf Aufträge bekanntlich angewiesen ist, hatte ich Experimente gemacht, um herauszufinden, inwieweit ich von verschiedenen Faktoren im Leben abhängig wäre. So hatte ich ein Jahr lang kein Telefon und die »Arbeitsbeschaffung« funktionierte trotzdem gut. Fast ein ganzes anderes Jahr besaß ich keinen Fernseher, obwohl ich für das Fernsehen arbeitete und bekam keineswegs das Gefühl, dass mir beruflich oder privat etwas fehlte. Selbstkritisch sei hinzugefügt: soweit wie meine damalige Frau Debra aus den USA, die auch auf ein Auto gut verzichten konnte, hatte und habe ich es noch nicht gebracht.

Ende der sechziger Jahre war ich an der FU Berlin, hörte beim berühmten Professor Gollwitzer vergleichende Religionswissenschaft, las Buber und Bultmann, machte Bekanntschaft mit der Studentenbewegung und beteiligte mich an einigen Demonstrationen. Ein Erlebnis vor dem Rektorat der Universität »kurierte« mich. Ein auch heute noch bekannter Anführer, der inzwischen für die Grünen im Europäischen Parlament sitzt und zuvor für Frankreich dorthin gewählt worden war, beschimpfte damals die jungen Polizisten, die zum Schutz vor dem Rektorat standen, als »Bullen« und »Schweine«. Als ich diesen Anführer fragte, wie denn seine Beschimpfungen damit zu vereinbaren wären, dass doch sonst die Menschen als »Opfer eines Systems« dargestellt wurden und also diese mit uns etwa gleichaltrigen Menschen »auf der anderen Seite« nun wirklich nicht unsere »Feinde« seien, wusste er nur dumme Ausflüchte zu antworten. Für mich wurde dies zu einem Schlüsselerlebnis dafür, echte Motive und Ego-Motive bei Menschen, die andere Menschen führen wollen, zu unterscheiden.

Anfang der siebziger Jahre drehte ich einen ersten kurzen Film, der »Ene, mene, muh ...« hieß und ohne jeglichen Kommentar zu Barockmusik zeigte, wie Kühe im bayerischen Oberland auf der Wiese liegen und sich des Lebens erfreuten. Damals war die Tierhaltung im Freien noch üblicher als heutzutage. Dann sah man Eisenbahnwaggons, danach die Augen der Kühe, wenn sie, vom Bolzenschussgerät an der Stirn getroffen, im Schlachthof zusammensackten.

Ein innerer Ruf

Im Frühjahr 1975 spürte ich, dass ich etwas unternehmen sollte, um mein Leben zu verändern, um meinen Horizont zu erweitern. Irgendwie gärte etwas in mir, ohne dass ich das nun exakt hätte beschreiben können. Debra ging zum Yogaunterricht und empfahl mir das Buch »Autobiographie eines Yogi« von Yogananda; ich wollte damals aber noch nichts davon hören. Anders als den meisten Menschen, denen ich seither persönlich im Gespräch begegnet bin, war bei mir keine Krise, keine Krankheit, keine Partnertrennung und auch keine finanzielle Misere der Auslöser für die noch unbewusste Suche nach Veränderung, sondern lediglich ein unbestimmtes Gefühl, dass mir etwas im Leben fehlte. Nur das Bemühen um einen interessanten Beruf und womöglich öffentliche Beachtung im Fernsehen, eine lebendige Partnerschaft, einen ausreichenden Lebensunterhalt, möglichst gute Gesundheit und vielleicht Reisen in spannende Länder – all das schien auf die Dauer kein genügend tragfähiges Fundament für Lebensfreude oder gar Lebenssinn zu sein.

Also fing ich am 1. April 1975 an, vegetarisch zu essen, um Abhängigkeiten an mir zu überprüfen, nicht etwa aus hehren moralischen oder religiösen Motiven. Die ersten Resultate waren verblüffend. Ich fühlte mich wesentlich frischer und gesünder, wacher und sogar arbeitsfähiger. Sie merken schon, dass Arbeit für mich auch ein Lebenselixier ist. Danach überstürzten sich die Ereignisse. Ich las Yoganandas Autobiographie doch, schrieb mich zu Konzentrations- und Meditationskursen bei Anneliese Harf und Paul Bergauer ein, las weitere Bücher über östliche und westliche Religionen, von Vivekananda und Ramana Maharshi, von Meister Eckehart und Angelus Silesius, später von Maulana Rumi, Martin Buber und Rabbi Schneerson. Ich las über Weltanschauungen und Spiritualität und wurde zum ersten Mal mit dem Konzept des ewigen bewussten Lebens der Seele oder des Selbst bekannt gemacht. Auch poetische Bücher wie »Der Prophet«, »Der kleine Prinz« und »Der Papalagi« wurden zu wichtigen Inspirationen, und viele andere Bücher noch. Vor allem die kurze Präambel im Buch »Raja Yoga« von Vivekananda öffnete mir gleichsam Augen, Ohren, Herz und Seele. Sie lautet:

Jede Seele ist ihrem Wesen und Vermögen nach göttlich. Das Ziel (des Lebens) *ist die Offenbarung dieses innewohnenden Göttlichen durch Beherrschung der äußeren und inneren Natur. Erreiche dies entweder durch Arbeit oder durch Andacht oder durch Kontrolle der seelischen Vorgänge oder durch Philosophie, durch eines oder einige oder alle – und sei frei. Das ist das Ganze der Religion. Lehrsätze oder Dogmen oder Riten oder Bücher oder Tempel oder Bräuche sind nur nebensächliches Beiwerk.*

In den Kursen am Münchner Yogazentrum von Anneliese Harf

und Paul Bergauer erlebten praktisch alle TeilnehmerInnen völlig neue Dimensionen des Lebens. Wir erfuhren etwas von unsichtbaren und dennoch wirksamen Kräften, und begannen, sie zu erspüren. Wir hatten erste Lichterlebnisse und bemerkten, dass das Leben so viel mehr sein kann als nur Essen, Trinken, Erotik, Geldverdienen und Ansehen. Wir begannen, Ganzheitlichkeit als Lebensform für den Alltag zu erleben, nicht nur für wenige harmonische Stunden quasi in der Quarantäne eines behüteten Kurses. Meditation als Ausrichtung auf unser inneres Wesen und auf unsichtbare Lebenskräfte wurden verknüpft mit gesunder Ernährung, effizienter Arbeit und so fort. Wir wurden gewahr, dass so viele Kräfte unsichtbar und dennoch wirklich sind. Elektrizität, Wind, aber auch Liebe sind nur drei Beispiele dafür.

Ich spürte, dass ich bestimmte Aufgaben zu erfüllen hatte, um dieser neuen Ganzheitlichkeit Ausdruck zu verleihen. So brachte ich 1978 das erste Buch von Dr. Edward Bach auf deutsch heraus, lange, bevor manche andere seine eigentlich für alle bestimmten Blütenheilmittel monopolisierten und sie unnötigerweise in die Hände einer diskriminierenden deutschen Arzneimittelgesetzgebung spielten. Das Büchlein hieß »Heile Dich Selbst« und erscheint jetzt als Teil des Buchs »Blüten, die durch die Seele heilen«. Ich gab Dane Rudhyars »Astrologie der Persönlichkeit« heraus und verlegte seinen Leitfaden »Von der humanistischen zur transpersonalen Astrologie«. Währenddessen ging die Arbeit an mir selbst im Rahmen von Yoga auf in der Mitarbeit des Berufsverbands Deutscher Yogalehrer und der Gestaltung eines Curriculums zur Ausbildung von Yogalehrern. Auch dabei spielte die angestrebte Ganzheitlichkeit von Körper, Gemüt, Geist und Seele die wesentliche Rolle, weil wir erkannt hatten, dass zumindest im Westen, Yoga nur dann Sinn hat, wenn wir unsere Lebensbedingungen hier, unsere Kultur und unseren geistigen und geistlichen Hintergrund mit berücksichtigen würden.

Es folgten dann die Begegnungen mit Karin und Chris Griscom. Über Chris hatte ich bei Shirley MacLaine gelesen. Das liebe Angebot einer Freundin, umsonst erster Klasse nach Osten zu fliegen, schlug ich aus, um als erster ausländischer Klient im Light Institute of Galisteo im Westen, in Neu Mexiko, Sitzungen zu erleben. Sie veränderten mein Leben in vielfältiger Weise – im Vorwort zum Buch »Zeit ist eine Illusion« habe ich über diese Sitzungen, ihre Vorteile und ihre spirituellen Grenzen, ausführlicher berichtet. Für und mit Chris schrieb ich die zwei zuerst in Deutschland veröffentlichte Bücher, das zuvor erwähnte und »Die Heilung der Gefühle«, und half, ihre Vorträge und Seminare zu organisieren. Private karmische Gründe hatten mich meine Festanstellung beim ZDF kündigen lassen – zur Verwunderung vieler Kollegen, die fanden, dass ich leichtfertig meine doch mir schon in weiteren sieben Jahren zustehenden Pensionskassenansprüche fallen ließ – und ich zog Ende 1986 nach Santa Fe.

Es entstanden eine Vielzahl von Buch- und Filmprojekten, die sich alle in irgendeiner Weise mit der Ganzheitlichkeit des menschlichen Lebens beschäftigten. Die Liste wäre zu lang, um sie hier aufzuführen. Gemeinsamer Nenner war aber immer eines: die innere Wahrheit wurde wichtiger als die Anerkennung bei Kollegen und Bekannten, wichtiger auch als finanzieller Profit oder als die Anpassung an vorherrschende Meinungen.

Meditation als ungesicherter Weg

Was hat all das mit Meditation zu tun? Was mit neuer Kraft aus der Mitte? Ohne die Erfahrungen und Einsichten aus der Meditation, ohne das immer weiter sich gleichzeitig festigende und auflösende Selbstbild, ohne vor allem das immer tiefgründigere Selbstvertrauen, das aus der Meditation erwuchs und weiterhin erwächst, wäre dieser Weg nicht möglich gewesen. Ich stand in meinem Leben, wie Sie vermutlich auch, viele Male ganz bewusst vor der Entscheidung über Prioritäten: Sollte ich nach Indien fahren, um einen Meditationsmeister aufzusuchen und damit meine Arbeit als freier Mitarbeiter beim Bayerischen Fernsehen gefährden oder nicht? Sollte ich dem Wunsch nach einer vertieften Beziehung den Vorrang geben vor Pensionssicherheiten oder nicht? Sollte ich nach einer ersten geschiedenen Ehe frei genug sein, eine zweite (und schließlich noch eine dritte) einzugehen oder nicht? Sollte ich mich eher um finanzielle, emotionale, gesundheitliche, soziale und kulturelle Sicherheiten kümmern, oder der Suche nach dem Wesentlichen hinter den vielfältigen Erscheinungsformen den Vorzug geben? Sollte ich, nachdem ich mich jahrelang mit einem nicht kompetenten Guru verbunden hatte (wodurch ich dennoch viel gelernt hatte!), meinen Irrtum vor mir selbst und anderen »bekennen« oder aus Bequemlichkeit oder Angst vor den Urteilen meiner Umwelt mich vor der Entscheidung drücken, Irrtümer einzugestehen? Sollte ich den Mut versuchen aufzubringen, ohne Netz und doppelten Boden ins Leben hinein zu springen, auch wenn ich keinerlei geistigen Halt mehr von außen, von einer »Autorität«, sehen oder spüren konnte? Und bedeuteten Irrtümer, dass ich aus Angst, wiederum Irrtümern anheim zu fallen, nun meine aktiven Bemühungen um die Mitte aufgeben sollte? Und nun, im Jahre des Herrn 2004: Sollte ich, nachdem ich das große Glück hatte, zwei wunderbaren Meditationsmeistern zu begegnen und von ihnen initiiert zu werden, nicht totzdem meinem Ruf nach einem ganz eigenen Weg folgen?

Ich meine, dass mehr »Mut« dazu gehört, in Irrtümern zu verbleiben oder im Entwicklungsstillstand zu verharren, als zu riskieren, ins Leben hineinzuspringen. Die Tarotkarte »Die Narren« aus dem »Tarot der Liebe« bietet ein gutes Beispiel für die zuvor beschriebene Haltung: Offenen Herzens und leichten Fußes balancieren die beiden Narren – eine Frau und ein Mann – auf dem Hochseil über dem Tal der menschlichen Herzen, das das Tal des Lebens darstellt. Paul Bergauer pflegte zu kalauern: Es gibt drei Muss: Apfelmus, Pflaumenmus und Entwicklungs-Muss. Die heilig gesprochene Edith Stein hat den Satz geprägt: Wer die Wahrheit sucht, sucht Gott, ob er es weiß oder nicht. In diesem Sinne bleibt keiner von uns stehen, und manche, so der Autor dieser Zeilen, fühlen sich aufgerufen, immer weiter furchtlos voran zu gehen, auch wenn man Ziel und Weg noch nicht recht überblickt.

Meditation: Der Atem der Seele

Meditation bedeutet für mich die einzigartige Chance zu erkennen, dass wir bewusste geistige Wesen sind, die in und durch, aber auch außerhalb und jenseits unserer Körper leben, werken und wirken. Meditation gibt mir die Kraft, mich immer wieder neu dem Leben zu öffnen, auch wenn das bedeutet, Altgewohntes, Gesichertes oder Liebgewordenes aufzugeben. Wir bekommen vom Leben immer sehr viel mehr neu geschenkt, als wir zuvor losgelassen haben. Meditation ist wie der belebende Atem im sich ständig verändernden Körper oder wie die Sonne im Wechsel der Jahreszeiten. Der Körper wächst, blüht, gedeiht und vergeht. Die Erde lebt grün auf, erstrahlt im gelben Sommerkleid, wechselt in goldrot-braune Herbstfarben und besinnt sich neu im weißen Schnee. Der Atem und die Sonne begleiten uns jeweils in diesen Prozessen des Werdens und Wachsens. Meditation hat für unsere Bewusstseinsentwicklung dieselbe Funktion wie der Atem sie für den Körper und die Sonne sie für die Erde besitzt.

Meditation ist das Luftholen, ist die Atmung der Seele! Durch Meditation vermögen wir, die Begrenzungen von Ego und Schicksal, von Raum und Zeit zu überschreiten. Durch Meditation erfahren wir Wesentliches vom Sinn des Lebens und werden von Lebensfreude erfüllt. Deshalb wünsche ich auch Ihnen von ganzem Herzen soviel und mehr Freude mit Meditation, wie ich sie erfahren durfte und darf. Meditation, das ist eine Freude, die uns immer bleibt, gleich, welches äußere Kleid wir gerade tragen mögen und gleich, in welchen äußeren Lebensumständen wir uns gerade befinden. Denn Meditation verbindet uns mit uns selbst, mit dem Kosmos, mit Gott – vor allem mit uns SELBST!

I. Grundlagen der Meditation

Und meine Seele spannte
Weit ihre Flügel aus,
Flog durch die stillen Lande,
Als flöge sie nach Haus.

Joseph von Eichendorff, Mondnacht

1. Was ist Meditation? Meditation im Vergleich zu anderen Wegen

Zu Beginn möchte ich Ihnen einige Begriffsklärungen anbieten. Ich weiß, dass es auch andere Definitionen gibt. Die folgenden Unterscheidungen haben sich nach meiner Erfahrung gut bewährt. Zunächst einmal Stichworte dazu, was Meditation nicht ist und womit Meditation häufig noch verwechselt wird.

Vision: innere Schau, Gesichte, innere Bilderfolgen wie im Traum, die sich spontan ergeben können, wie zum Beispiel Marienvisionen in Fatima und Medjugorje, oder die gezielt angestrebt werden, zum Beispiel mit Hilfe von halluzinogenen Drogen wie Peyote-Pilzen oder Rauschgiften. Als Halluzinationen werden übrigens Sinnestäuschungen bezeichnet, die Trugbilder vorspiegeln. Echte Visionen sind keine Trugbilder, sondern eine kurzfristige Schau höherer, geistiger Dimensionen und Wahrheiten. Visionen können sowohl einen subjektiven wie einen objektiven Wahrheitsgehalt bergen, der sich allerdings nicht immer allen Schauenden gleichermaßen offenbart. Visionen sind im Regelfall nicht steuerbar!

Visualisieren: innere Bilder gestalten und ausmalen. In der Visualisierung bedient man sich äußerer Bilder wie Kerze, Baum, Sonne und so fort oder Farben, um diese im Inneren zu sehen oder zu spüren. Visualisation hilft, die Fähigkeit zur Innenschau anzuregen. In manchen Übungsvorschlägen in diesem Praxisratgeber werden Sie Elemente aus dieser Technik erkennen. Bücher von Shakti Gawain eignen sich gut als systematischer Einstieg in die Techniken des Visualisierens. Projektionen gehören ebenfalls in diesen Zusammenhang, wobei Vor-Stellungen als wirklich bzw. bald eintreffend angesehen werden.

Positives Denken: gedankliche und/oder gefühlhafte Einstellung auf positive, harmonische, kreative Kräfte. Häufig werden »Affirmationen«, also bekräftigende kurze Aussagen und Sprüche benutzt, um auch das Unterbewusste auf positives Denken zu »programmieren«. Das positive Denken hilft am Anfang eines Entwicklungsweges Selbstbewusstsein zu stärken. Erhard Freitags »Kraftzentrale Unterbewusstsein« und die Bücher von Dr. Josph Murphy sowie Norman Vincent Peale sind nach wie vor die beste Grundlage, um sein Wissen darüber zu vertiefen.

(Auto-)Suggestion: Der lateinische Wortstamm weist auf »etwas von unten herbei Getragenes« hin. Mit Suggestion sind in unserem Themenzusammenhang jene Aussagen gemeint, mit denen etwas »herbeigeredet« wird, zum Beispiel »Ich fühle mich wohl«, »Ich fühle mich ganz leicht«, und so fort. In der Hypnose benutzt man Suggestion, um einen tranceähnlich geöffneten Zustand zu erreichen. In der Auto-Suggestion verwendet man Affirmationen, um das eigene Verhalten bzw. das Bewusstsein neu zu steuern.

Hypnose: Ausschaltung des Wach- oder Tagbewusstseins durch Suggestionen von einem anderen Menschen. Früher wurden hypnotische Bewusstseinszustände gern als Halbschlaf bezeichnet. Hypnose bewährt sich immer wieder zum Beispiel zur »De-Programmierung« von Gewohnheitsrauchern oder -trinkern und in manchen anderen Gesundheitstherapien. Bewusstseinspioniere wie etwa Thorwald Dethlefsen, welche Hypnose als Zugang zu früheren Leben und anderen Bewusstseinsdimensionen benutzten, sind inzwischen wieder davon abgekommen. Hypnose birgt immer ein Element der Außensteuerung und damit der vielleicht nicht immer völlig selbstbestimmten, freiwilligen »Manipulation«. Deshalb sollten sich sowohl der aktive als auch der passive

Partner der gebotenen Verantwortung und notwendigen ethischen Charakterstärke bewusst sein.

Astralreisen: Geführte Phantasiereisen – »guided fantasies« – oder ein regelrechter »Ausstieg« aus dem Körperbewusstsein, im Traum oder durch mediale Fähigkeiten. Astralreisen im Sinne geführter Phantasien werden zum Beispiel mit Hilfe von schamanistischen Ritualen, Visualisationen und Suggestionen durchgeführt. Sie können dazu dienen, einen Begriff von der schieren Unendlichkeit innerer Dimensionen und den ungeahnten Schätzen unseres eigenen Bewusstseins zu gewinnen. Sie helfen auch dabei, manche Ursachen von Problemen und Blockaden zu erkennen und öffnen den Zugang zu bestimmten Energien, wie dem »Tier der Kraft«, dem »Ort der Kraft« etc. Astralreisen im Sinne eines Ausstiegs aus dem Körper – »out-of-body-experiences« – können sich spontan ergeben bei bzw. nach schweren Unfällen oder Krankheiten, aufgrund von medialen und magischen Praktiken, sowie – uns allen wohlvertraut – im Traum. Ich gehe auf die inneren Ebenen und spontane, magische-mediale und meditative Zugänge dazu später ein, in den Abschnitten »Das sechste Chakra« und »Wunderwelten der Seele«.

Subliminalbeeinflussung: Eine Zeit lang schwappte eine wahre Angebotswelle von Tonbandkassetten über, die angeblich oder tatsächlich mit »subliminalen« suggestiven Botschaften versehen sind. Kaum oder vollständig unhörbare Aussagen sollen die HörerInnen neu und positiv programmieren, auf mehr Erfolg im Beruf, mehr Freude am Leben, bessere Gesundheit, vertiefte Liebeserfahrungen usw. Auf Menschen mit klaren geistigen Perspektiven und einem gut entwickeltem Bewusstsein haben solche Kassetten nach meinen Erfahrungen keine Wirkung. Ich halte den Gebrauch solcher wörtlich »unterschwelligen«, d.h. unter der Schwelle der bewussten Wahrnehmbarkeit liegenden Botschaften, bei labilen Menschen für fragwürdig und für andere als überflüssig. Ich halte übrigens auch die technischen Hilfsmittel, die Licht bzw. Tonsignale aussenden, um vorgeblich Meditationserfahrungen zu erlangen, ohne zu meditieren, für überflüssig bis schädlich.

Rückführungen: Das sind geführte Bewusstseinsreisen in andere Dimensionen, zumeist in »frühere Leben«. Ob es sich dabei um authentische frühere Leben oder um hypothetische handelt, ist ziemlich gleichgültig. Fast immer tauchen Lebensthemen bei solchen Rückführungen oder Reisen in andere Bewusstseinsschichten auf, die unsere gegenwärtige Situation widerspiegeln und uns Lösungsmöglichkeiten aufzeigen, auch wenn es sich gar nicht um tatsächliche frühere Leben handelt. Meine ersten Erfahrungen bestanden in Einblicken nach der nicht-hypnotischen Methode nach Brian Jameison, die im deutschsprachigen Raum von Jan-Erik Sigdell vermittelt wird, und in einem Dutzend Sitzungen mit Karin und Chris Griscom am Light Institute in Galisteo. Mehr darüber können Sie in den beiden Büchern von Chris und mir, »Zeit ist eine Illusion« und »Die Heilung der Gefühle« nachlesen. Chris Griscom verbindet bzw. verband Elemente verschiedener Rückführungsmethoden. Drei ihrer Lehrer habe ich persönlich kennengelernt; Lea Sanders, die inzwischen leider verstorbene Aura- und Chakraleserin und Autorin von »Die Farben Deiner Aura« beeindruckte mich besonders. Mir persönlich haben Rückführungen sehr geholfen, bestimmte psychologische Probleme zu klären. Auf der Ebene von Gemüt, Emotionalkörper und Gedankenkraft sind sie als ein Weg unter mehreren sinnvoll. Eine wahrhaft spirituelle und geistig-geistliche Ebene vermögen sie im Regelfall allerdings nicht zu erschließen, soweit meine Erfahrungen reichen.

Magie: die Handhabung übersinnlicher Kräfte, um bestimmte Ziele zu erreichen bzw. Erfahrungen zu machen. Man unterscheidet oft zwischen »weißer« und »schwarzer« Magie. Nach einem Wort der früh verstorbenen Yogalehrerin Anneliese Harf ist die eigene Motivation immer der beste Schutz, in der Magie, in der Meditation, auf anderen Bewusstseinswegen. Grundsätzlich ist jeder Form von Magie gemeinsam, dass man mit Kräften umgehen, sie beherrschen und anwenden will. Ich bleibe in Distanz zu Magie, weil ich meine, dass wir erst einmal lernen müssten, mit unseren sinnlichen Kräften sinnvoll umzugehen, dass wir also Krieg, Hunger, Unterdrückung, Hass, Neid beherrschen lernen müssen, bevor wir mit übersinnlichen Kräften zu hantieren versuchen.

Gebet: stilles oder hörbares Bitten um etwas. Dabei steht ein Wunsch des Menschen im Mittelpunkt und dessen Erfüllung, nicht, wie bei der Meditation, eine Öffnung für eben nicht vorformulierte oder vorgestellte Erfahrungen. Man könnte Gebete unterscheiden nach Bitt-, Dank- und Lobgebeten. Immer steht jedoch im Vordergrund, dass der Mensch, der sich an Gott, an einen Engel oder Heiligen oder an die große Mutter oder ein Geistwesen richtet, selber aktiv »spricht« und nicht stille »zuhört«.

Kontemplation: Versenkung, Verinnerlichung. Dieser Begriff kann durchaus als Synonym für Meditation verstanden werden, vor allem wenn er sich auf die Versenkungsrituale mittelalterlicher MystikerInnen, Mönche und Nonnen bezieht.

Konzentration: bewusste körperliche, gedankliche und/oder gefühlhafte Ausrichtung und Sammlung auf bzw. in einem Gegenstand, einem Gedanken, einem Gefühl, einem Bild, einer Absicht, einem Ziel. Einpunktige Konzentration ist eine solche Ausrichtung und Sammlung ausschließlich auf einen Gegenstand. Nach der altindischen Yogaphilosophie führen wiederholte Konzentrationsübungen zur einpunktigen Konzentration. Wenn diese zweieinhalb Minuten aufrecht erhalten wird, folgt Meditation; wird diese zweieinhalb Stunden aufrecht erhalten, so ist »Samadhi«, »Erleuchtung«, die Folge. Konzentration ist eine innere Sammlung, die für uns heutzutage umso notwendiger ist, als wir ständig Kräften ausgesetzt sind, die unser Bewusstsein ablenken, zerstreuen und nach außen ziehen. In der Konzentration geht es um die Sammlung von irdischen Kräften – Konzentrationsfähigkeit ist eine Voraussetzung für Meditation!

Meine leider früh verstorbene erste Meditationslehrerin Anneliese Harf hat in unserem gemeinsamen Buch »Yoga – Weg zur Harmonie« Konzentration einmal so beschrieben: Konzentration im Sinne des Raja-Yoga beginnt, wenn ein Gedanke frei von Assoziationen, Vorstellungen, Projektionen, Gefühlsresonanzen 12 Sekunden störungsfrei aufrecht erhalten werden kann. Bei einer Dauer von 144 Sekunden geht der geklärte Bewusstseinszustand in Meditation, also in einen überbewussten Zustand über, indem weder Gedanken noch Gefühle, mit denen sich der Mensch sonst identifiziert, vorhanden sind und (dann) bewusstes Sein entstehen kann.

Wir werden immer wieder, auch in diesem Handbuch, Elemente und Übungsformen aus den oben kurz angesprochenen Bereichen in unsere Meditationserfahrungen einfließen sehen. Das ist auch ganz in Ordnung; es geht uns ja nicht um eine dogmatisch postulierte Reinheit bestimmter Meditationsphilosophien, sondern um ein erfülltes Leben, um einen natürlichen Lebensfluss, um ein menschliches Mass der Mitte in der Erfahrung und Auseinandersetzung mit Bewusstsein.

Bewusstsein ist bewusstes Sein, das wir zuerst als kurz aufblitzende Funken oder lichte Tropfen erleben mögen, dann als den Strahl oder Fluss, der unser Leben erhellt oder trägt und schließlich als die allumfassende Lebensrealität, die alles durchdringt und alles umfasst und alles ist: das Mysterium, das wir Leben nennen.

All das, was weiter oben aufgeführt wurde, ist Meditation also nicht, obwohl Visionen, Visualisation und Konzentration Meditation sehr wohl fördern können. In den später folgenden Meditationsanleitungen finden Sie immer wieder Elemente aus Konzentrationsübungen, die uns die Meditation erleichtern. Was ist nun aber Meditation? Hier einige Annäherungen.

Meditation: das ist inneres, unmittelbares, ganzheitliches und bewusstes Erfahren von geistigen Kräften, von Sinn, von Bewusstsein selbst! Meditation bedeutet fortgesetzte konzentrierte Sammlung unserer Aufmerksamkeit und gleichzeitig sensible Offenheit für das, was sich unserer konzentrierten Aufmerksamkeit als Schau, Erfahrung oder Erleben bietet. Meditation erfordert sowohl Disziplin wie Entspannung, sowohl zielgerichtete aufmerksame Zuwendung und gleichzeitig innere wie äußere Gelassenheit. Meditation kann eine bewusste Einübung in das Paradox und Mysterium Leben sein – und damit ist Meditation dann in sich selbst auch paradox und »geheimnisvoll«. Meditation führt zu Quellen des Lebens, in denen sich das Paradox sinnvoll auflöst, in der das Mysterium ganzheitlich und intuitiv erfasst, nicht jedoch rational »verstanden wird«. In der Meditation kann eine unerschöpfliche, alles belebende Kraft strömen, die uns für viele verschiedene Zwecke zur Verfügung steht.

Meditation fördert unsere Gesundheit und vermag Krankheiten zu heilen. Sie lässt uns sensibler und kreativer werden, und öffnet den Zugang zu einem unvorstellbaren Potential des Geistes. Wir können Meditation sowohl zur Entspannung als auch zur Auflösung von Energieblockaden nutzen, als kreative Anregung und Inspiration sowie für mehr Erfolg im Leben. Schließlich kann Meditation eine Brücke oder einen Weg in die unermesslichen Weiten der Ewigkeit darstellen; dorthin, wo wir uns selbst und die ganze Schöpfung als Teil einer alles durchschwingenden Lebenskraft empfinden, sich personale Begrenzungen auflösen und ein Einheitsbewusstsein erfahren wird.

Eine weitere, eher »technische« Annäherung an das, was Meditation ist oder sein kann, als Zitat aus dem Brockhaus Band 9, Ausgabe 1999:

Meditation (lat. »Nachdenken«), die, durch entsprechende Übungen bewirkte oder angestrebte geistige Sammlung. Sie soll den

Menschen zu seinem eigenen innersten Grund führen (s. Kontemplation). Zu den Meditationstechniken zählen verschiedene Sitzhaltungen, Körper- und Atemübungen, Konzentration (z.B. auf einen Gegenstand, ein heiliges Wort, ein Mantra). Im Hinduismus und Buddhismus ist die Meditation (besonders mit der Technik des Yoga) der Weg zur Erleuchtung und Erlösung. Im Westen findet sich Meditation schon in der Antike (Neuplatonismus) und wurde vom Christentum besonders im Mönchstum und in der Mystik als Weg zur Einheit mit dem personal gedachten Gott vertieft. Verschiedene Meditationsformen sind im Rahmen des New Age belebt worden und werden als Entspannungsverfahren und in Therapien verwendet.

Zusammengefasst können wir sagen: Meditation ist ein gedankenfreier, überbewusster Seinszustand, in dem Wesen, Licht, Energie, Feinstofflichkeit und letztlich Leben des Meditationsinhalts bewusst werden können. Meditation ist auch ein Sammelbegriff für eine Vielzahl religiöser Übungen, die von der Methode her sehr verschieden sein können. Ziel der Meditation ist, das Bewusstsein des Übenden in einen Zustand zu bringen, in dem spirituelle Erfahrungen, ein Erwachen, Erleuchtung und schließlich Einung mit dem Inhalt der Meditation bewusst erfahren werden. Das ist eine Beschreibung, die sich wiederum an Anneliese Harf anlehnt.

Heute wird gern fast alles Meditation genannt, was auf Entspannung, Harmonie, schöne Gefühle, gute Gedanken und dergleichen zielt. Vom Tanzen und Singen über Beten und Wandern … Das ist absolut in Ordnung, solange man weiß, was der Unterschied zwischen Bewegung und Stille, Objektbezug und Gegenstandlosigkeit, Persönlichkeit und Seele, Gemüt und Spiritualität, Alltagsbewustsein und höherem Bewusstsein ist.

Echte Meditation ist also keine Visualisation, Projektion, Vorstellung, Imagination, Phantasie, Tagträumerei, Hypnose, Trance und so fort. Das sind unter Umständen positiv wirkende Übungen bzw. meditative Zustände, nicht aber eigentliche Meditation. Meditation ist vielmehr anhaltende einpunktige Konzentration (Raja Yoga); sie ist gegenstandslose Kontemplation (christliche Mystik); sie ist ein Sicheinlassen auf die Wahrnehmungsfähigkeit jenseits der Körpersinne und auch jenseits von Gefühlen und Gedanken.

Dies ist nur ein wirklich kurzer Überblick darüber, was Meditation sein und »leisten« kann. Als AnfängerIn fragen Sie sich vermutlich, »Und wie meditiert man nun?«. Meditationsvorschläge können Sie in den folgenden Kapiteln nachlesen, die jeweils einem Themenkreis gewidmet sind. Eine Kurzbeschreibung, wie man meditiert, möchte ich aber schon jetzt geben.

Typische Stufen in der Meditation

- Wir sammeln uns äußerlich und innerlich, und lassen ablenkende oder störende körperliche, emotionale und gedankliche Kräfte zur Ruhe kommen.
- Wir lenken unsere Aufmerksamkeit auf den Gegenstand der Meditation – Ausnahmen sind rein spirituelle, gegenstandslose Meditationsformen – und stimmen uns mit unserem ganzen Wesen darauf ein.
- Wir lassen uns so gesammelt und gleichzeitig gelöst auf diesen Gegenstand ein, dass unser Bewusstsein schließlich nur noch damit beschäftigt ist und nur noch darin Ausdruck findet. Der meditierende Mensch, der Vorgang der Meditation und der Meditationsgegenstand werden dann eins.
- Wenn wir als Meditationsgegenstand aber unsere Seele, unser Selbst, die schöpferische Urkraft in allem, Gott (nennen Sie es, wie Sie mögen) wählen und uns darauf so vollständig als uns jetzt möglich einlassen, dann erhalten wir immer tiefere Einblicke in Sinnzusammenhänge unseres und des ganzen Lebens.

- Mit der Zeit wird unser Leben auch ohne formelle Meditationsübungen zum Ausdruck dieser Urkraft – bewusst oder unbewusst! – und wir bringen diese Kraft offen-ungeteilt so zum Ausdruck, wie es unsere Hüllen aus Körper und Persönlichkeit und die dreidimensionale irdische Realität in der jeweiligen Zeit gestatten. Dann wird das ganze Leben immer wieder zu einer Form von »Lebensmeditation«.

In den Zeiten solcher Meditationen werden wir innerlich reich beschenkt; wir fühlen uns erfüllt von Licht, Liebe, Sinn. Nach solchen Meditationen spüren wir neue Lebenskräfte, um unsere Aufgaben in Alltag, Familie, Beruf mit mehr liebevollem Verständnis und mehr Energie zu erfüllen. Und wir empfinden, dass wir innerlich und äußerlich leichter, beschwingter, einfallsreicher, erfolgssicherer, gelassener und selbstbewusst sind. Wir spüren einfach viel mehr Lebensfreude. »Gute« bzw. »geglückte« Meditationen sind solche, während derer und nach denen wir uns wach, frisch, gesund, leicht und glücklich fühlen.

2. Unser Alltag: Äußere Vorbereitungen für die Meditation

Wenn wir Klavier spielen wollen, müssen wir uns ans Klavier setzen. Über Komponisten und Musiker zu lesen oder ihren Musikausnahmen hingebungsvoll zu lauschen, reicht leider allein nicht aus. Wenn wir eine fremde Sprache verstehen und sprechen möchten, müssen wir sie erst lernen. Wir müssen üben und immer wieder üben. Selbstverständliche Bemerkungen. Wir Menschen sind in vielem »Gewohnheitstiere«. So müssen wir uns zumindest einige Zeit auch an Meditationsübungen erst gewöhnen, bevor diese uns wie selbstverständlich werden können. Einige äußere Hilfen haben sich als sehr wirksam erwiesen, vor allem für uns Anfänger oder etwas Fortgeschrittene, die wir noch nicht MeisterInnen sind.

Feste Tageszeit

Am Anfang eines Meditationsweges ist eine feste Tageszeit die wichtigste Hilfe, um schnelle Fortschritte zu machen! Richten Sie Ihren Tagesablauf so ein, dass eine feste Tageszeit für die Meditation reserviert bleibt. Am besten, um bewusst von der Meditation zu profitieren, sind jene Tageszeiten, wenn Sie am wachsten sind. Zum Beispiel morgens vor den Aktivitäten des Alltags, und abends als Tagesabschluss. Persönlich schätze ich auch Nachmittagsmeditationen sehr. In den klassischen Meditationstraditionen des Ostens heißt es, dass die sehr frühen Morgenstunden, etwa zwischen drei und fünf Uhr früh, aus einer Reihe von Gründen am geeignetsten sind. Andererseits wird jede in Meditation verbrachte Zeit, gleich wann am Tage dies geschieht, als besonders fruchtbringend angesehen. Sie merken also, dass Sie selbst Ihre am besten geeignete Meditationszeit herausfinden müssen. Wenn Sie sich anfangs nicht entscheiden können, so meditieren Sie am besten morgens nach dem Aufstehen und abends vor dem Zubettgehen.

Meditationsdauer

Lieber kürzer, wach und mit Freude als länger, halb schläfrig und missmutig! Sie werden mit der Zeit ein immer feineres Gespür für Ihre innere Stimme, ihre eigene Weisheit entwickeln, und dann auch »wissen«, wie lange Sie meditieren möchten. Für Meditationen zur Entspannung und Harmonisierung, zur Problemlösung und Verbesserung der Kreativität reichen oft fünf bis zehn Minuten aus. Geführte Meditationen in andere Bewusstseinsdimensionen oder spirituelle Meditationen brauchen etwa fünfzehn bis zwanzig Minuten, bis man einigermaßen »eingetaucht ist«, und können eine oder mehr Stunden dauern, solange es einem Freude macht. Sie finden in den Übungsanleitungen später im Buch auch individuelle Empfehlungen zur Dauer. Übrigens: sogar nur jeweils eine Minute meditative Stille, immer mal wieder während des Tages, wird einen großen Nutzen entfalten!

Meditationsplatz

Es wäre ideal, wenn Sie in Ihrer Wohnung oder Ihrem Haus einen freundlichen, harmonischen und auch gemütlichen Platz finden bzw. wählen könnten, an dem Sie meditieren. Die meisten Übungen erfolgen im Sitzen, einige im Stehen, wenige in der freien Bewegung. Ein bequemer Stuhl oder Sessel, ruhig auch mit Armlehnen, der aber nicht zum Einschlafen verführen soll, wäre günstig. Wenn Sie im Liegen meditieren, können Sie sich ja immer auf Ihr Bett legen. Wenn Sie einschlafen und sich hinterher erfrischt und wohl fühlen, ist das auch nicht schlimm, sondern sogar oft ganz willkommen! Wenn man für die Meditation einen ganzen Raum freihalten kann, ist das gut: ein Platz innerhalb eines Zimmers reicht aber auch. Ein fester Platz ist deshalb so nützlich, weil dieser nach und nach von den Schwingungen Ihrer Motivation, ihrer Ruhe und Ihren Meditationen erfüllt wird und beginnt, von sich aus auszustrahlen. Das ist besonders angenehm, wenn man sich einmal nicht so wohl fühlt und von den bereits vorhandenen harmonischen Schwingungen sozusagen getragen wird.

Ruhe

Sorgen Sie dafür, dass Radio und Fernseher ausgeschaltet sind, das Telefon (und das Handy!) ab- oder auf leise gestellt ist. Teilen Sie Ihrer Familie, Partnern, Kindern oder Freunden mit, dass Sie sich eine bestimmte Zeit sammeln wollen und vereinbaren Sie, dass Sie deshalb in dieser Zeit nicht gestört und auch nicht angesprochen werden möchten. Es ist keineswegs »asozial«, einige Zeit am Tage ganz für die innere Sammlung zu nutzen; auch schon deswegen nicht, weil wir ja der Umwelt nur dann etwas geben können, wenn wir selber etwas haben. Und dieses »haben« erwächst von innen, aus einem erfüllten und bewussten Sein, das gehegt und gepflegt werden muss.

Meditationshaltung

Im Verlauf der einzelnen Anleitungen gehe ich darauf speziell ein. An dieser Stelle sei aber schon generell gesagt: Sitzen Sie so, wie es Ihnen bequem ist! Es geht uns bei Meditationen im Sinne dieses Praxisratgebers nicht um die Vervollkommnung bestimmter Yogahaltungen wie des Lotussitzes o.ä., sondern um eine Körperhaltung, die es uns erlaubt, wach zu sein und zu bleiben, ohne dass wir uns körperlich anstrengen müssen. Sonst wäre ja unsere Aufmerksamkeit zumindest teilweise auf den Körper gerichtet und wir könnten uns gar nicht richtig in der Meditation sammeln. Ich finde, dass Sitzen am günstigsten ist, weiß aber, dass manche Menschen im Liegen noch leichter meditieren können. Ein Hinweis zum Liegen: für die Meditation liege ich auf dem Rücken, mit ausgestreckten Beinen, die Arme entweder entlang des Körpers oder die Hände leicht auf der Brustmitte verschränkt. Nach meiner Erfahrung sind wir in Rückenlage nach »oben« offener als in Bauchlage. Allerdings bringt diese größere Öffnung für sehr sensible Menschen eventuell auch eine starke Belastung durch einströmende Energien mit sich! Sitzen ist also als Regelfall allemal am besten. Lockern Sie auch zu enge Kleidung, vielleicht mögen Sie Kontaktlinsen herausnehmen, die Brille absetzen bzw. die Uhr ablegen.

Hinweise zu den Übungen in diesem Buch

Lesen Sie die jeweilige Übung zuvor langsam und gründlich durch, um sie sich gut einzuprägen, wenn Sie alleine üben. Oder Sie bitten einen Partner, Ihnen die Übung vorzulesen. **Zu manchen Übungen gibt es auch gesprochene Anleitungen mit Musikunterstützung auf CD** (s. S. 217).

3. Unser Gemüt: Innere Vorbereitungen für die Meditation

Genauso wichtig wie die äußeren sind die inneren Vorbereitungen. Vielleicht sind sie sogar noch wichtiger. Die äußere harmonische Ordnung, unsere Körperhaltung und das bewusste Abschalten vom Alltag für einige Zeit lässt sich noch relativ leicht bewerkstelligen. Wie aber kann man die innere Unruhe stillen und die zahllosen durcheinander purzelnden Gedanken, die Fluten von Gefühlen und die Wolken unklarer Empfindungen ordnen und beruhigen? Nach meiner Erfahrung sind folgende Hilfen am wirksamsten.

Atmung

Atmen Sie zu Beginn Ihrer Meditationen bewusst und deutlich hörbar einige Male ruhig tief aus und tief ein. »Schnaufen« Sie aus! Mit dem Ausatmen lassen Sie alles Belastende und Störende los und geben es an die Luft und den Kosmos ab, der all das aufnimmt und transformiert. Mit der Luft beim Einatmen nehmen Sie geordnete, klare, harmonische Kräfte auf. Das dürfen Sie sich anfangs gern auch nur »vorstellen« – die eigene Erfahrung bleibt nicht lange aus. Schon die Vorstellung dieses Austausches alter, belastender Energien gegen neue, frische Kräfte, während Sie aus- und einatmen, wird sie beleben und ordnen. Es klingt fast zu einfach, nicht wahr? »Alle großen Dinge sind einfach«, lautet eine bekannte Weisheit. So ist es auch hier. Während der Meditationen kümmern Sie sich dann im Regelfall nicht mehr weiter um Ihre Atmung, sondern lassen sie einfach im natürlichen Rhythmus ein- und ausströmen. Ausnahme sind natürlich spezielle Atemmeditationen.

Ich garantiere Ihnen: wenn Sie fünf Mal am Tag jeweils fünf Mal ruhig und tief aus- und einatmen, mit dem Ausatmen bewusst Belastendes loslassen und abgeben, und mit dem Einatmen Harmonie vom Leben, aus dem Kosmos, aus ihrem Selbst oder von Gott aufnehmen, werden Sie sich binnen acht Tagen völlig verwandelt fühlen. Sie werden gelassener und kraftvoller, selbstbewusster und kreativer, intelligenter (ja, das ist ernst gemeint!) und glücklicher sein. Sie werden mehr in sich selbst ruhen, Sie werden mehr Sie selbst sein!

Um ein Missverständnis gar nicht erst aufkommen zu lassen: außer wenn es sich um spezielle Atemlenkungstechniken zur Heilung von Krankheiten oder zur (fragwürdigen!) Erlangung von medialen oder magischen Kräften geht, ist der natürliche Atem die für unser Leben und für die Meditation am besten geeignete Atmung. Die natürliche Atmung ist die sogenannte Vollatmung, bei der der Atemimpuls vom Unterbauch ausgeht und die Luft sowie die darin enthaltene Lebenskraft – auch Prana oder Od genannt – Zwerchfell, Lungen, Lungenspitzen und Flanken »füllt«. Eine Übungsfolge dazu finden Sie im nächsten Kapitel.

Erwartungen und Ziele, eigene Bemühungen und innere Gaben

Eines der größten Hindernisse für jede Meditation sind bestimmte, zuvor in Geist und Gemüt fixierte Erwartungen. Wenn wir uns vorher festlegen, was und wie die Meditation uns »bringen« soll, verschließen wir uns vor der nicht so einfach kalkulierbaren schöpferischen Fülle des Lebens. Unser Ziel sollte nicht darin bestehen, ein bestimmtes Perlenschloss in der Astralebene zu sehen, eine bestimmte Krankheit umgehend zu heilen oder auch nur mit einem Schlag alle unliebsamen Gedanken auszuschalten. Unser Ziel sollte vielmehr sein, uns innig und unmittelbar für die Kräfte aus der Mitte zu öffnen, uns einzulassen auf und sensibel zu werden für die feinen Schwingungen im Inneren. Der Vorgang oder Prozess der Meditation ist noch viel wichtiger als irgendein Resultat der Meditation!

Dazu bedarf es sowohl der eigenen Bemühung als eines von unserem Ego her nicht »abrufbaren« Segens! Wir begegnen dabei einem Paradox: einerseits ist unsere eigene Bemühung um Meditation notwendig, damit Meditation »glückt« – und noch dazu soll diese Bemühung gelassen sein –, und andererseits bedürfen wir der Gnade einer höheren Kraft, sowohl, damit unsere Meditation von bewusstem Erleben erfüllt werde als auch, damit wir überhaupt die Bereitschaft spüren, uns der Meditation zuzuwenden. Aber ohne die eigene Bemühung sind wir für den im übrigen immer vorhandenen Segen gar nicht offen. Kurz: Bemühung und Segen gehen Hand in Hand. Allerdings stellen innere Gaben auch keine »Belohnung« für besonders geduldiges, ausdauerndes Meditieren dar.

Ebenfalls wenigstens kurz möchte ich schon an dieser Stelle streifen, »woher« der Segen und die inneren Gaben denn kommen. Wer eine personale Gottesvorstellung hat, wird darauf antworten: Von Gott. Wer keinen Zugang zu einer Gottesvorstellung, einem Gottesbild oder einer Gotterfahrung hat, wird mit dieser Antwort wenig anfangen können. Wir können uns dann ebensogut der Begriffe »kosmische Kräfte« oder »Selbst« oder »höheres Bewusstsein« bedienen. Sowohl der Kosmos wie wir selbst sind Teil ein und derselben großen Lebensenergie. Diese kosmische Energie und dieses schöpferische Bewusstsein drückt sich in Myriaden unterschiedlicher Ausdrucksformen aus, und fließt dennoch aus einer einzigen Quelle. Auch das kann zu einer Erfahrung in unseren Meditationen werden.

Ein weiterer Aspekt dieses Paradoxons: Wenn wir uns zur Meditation zwingen, und gar noch über längere Zeit hinaus, aber voller Ärger, Missmut oder Unzufriedenheit, dann wird uns meist jede erhebende Meditationserfahrung versagt bleiben. Wenn wir uns jedoch voller Freude in die Meditation setzen, auch wenn es nur kurze Zeit ist, werden wir oft reichlich beschenkt.

Deshalb empfehle ich: halten Sie ein individuell unterschiedliches Gleichgewicht zwischen der notwendigen disziplinierten Einübung von Meditation und einzelner Bewusstseinsprozesse einerseits, zu denen Sie sich bisweilen auch »zwingen« müssen, und den Meditationen, zu denen Sie sich nur aufgrund innerer Glücks- oder Suchimpulse hinsetzen. Wenn Sie die meditative Kraft aus der Mitte mehrfach erfahren haben, entwickeln Sie ein eigenen Gespür für den Wert, die Hilfe und die Verheißung von Meditation.

Dankbarkeit und Lebensfreude

Die besten Garanten für glückliche Meditationen sind Dankbarkeit und Lebensfreude. Vielleicht wundern Sie sich: wieso soll etwas, was wir erst als Ergebnis von Meditation erlangen wollen, nun bereits als Voraussetzung für das Gelingen von Meditation bezeichnet werden? Das ist ja das Verzwickte am Mysterium Leben: es hängt alles miteinander unteilbar zusammen, alles ist eng miteinander verknüpft. Licht kommt von Licht, nicht aus der Dunkelheit. Leben kommt von Leben, nicht aus dem Tod. Bewusstsein kommt von Bewusstsein, und Dankbarkeit und Lebensfreude erschaffen sich ebenfalls selbst immer wieder neu. In uns ist grundsätzlich alles – der Makrokosmos ist im Mikrokosmos: die Dankbarkeit dafür, dass wir uns mittels eines menschlichen Bewusstseins verwirklichen dürfen, die Freude darüber, dass wir uns eins mit der Urkraft der Schöpfung wissen. Ich kenne eine ganze Reihe teils auch recht prominenter spiritueller und psychologischer LehrerInnen, die öffentlich kein Wort des Dankes an Ihre LehrerInnen für das sagen, was sie selbst durch diese erfahren durften. Gibt es etwas im Leben, wofür wir danken können? Was kommt uns in den Sinn, worüber wir uns freuen dürfen? Die Gefühlsqualität, die damit verbunden ist, ist eine wirkungsvolle Hilfe des Gemüts, sich auf das Wesentliche zu besinnen.

Im Abschnitt über Schwierigkeiten in der Meditation werden eine Fülle von Einzelproblemen behandelt und die wirksamsten Lösungen erläutert. Hier ging es uns zunächst um eine Grundeinstimmung zur Meditation.

4. Rhythmus des Lebens – Meditation und Atmung

Auf unserem nicht mehr ganz so grünen und blauen Planeten Erde gibt es kein Leben ohne Atmung. Vom ersten Moment der körperlichen Existenz bis zum letzten bestimmt der Rhythmus von Ein- und Ausatmung unser Leben. Nicht umsonst kennt der Volksmund die Begriffe vom ersten und vom letzten Atemzug. Wir Menschen können einige Wochen ohne feste Nahrung leben, wenige Tage sogar ohne Flüssigkeit und Schlaf, aber nur wenige Minuten, ohne zu atmen.

Unsere Atemweise wird durch eine Vielzahl von Faktoren bestimmt: durch die äußere Haltung, Konstitution, Alter, Gesundheitszustand, psychische Belastungen, vor allem aber durch unsere Bewusstseinshaltung! Im Rahmen dieses Meditationshandbuchs geht es mir um den natürlichen Atemfluss, nicht um die absichtsvolle Lenkung und Beeinflussung der Atmung. Wenige Menschen atmen noch natürlich, Fehlatmungsformen sind uns so zur Gewohnheit geworden, dass wir sie noch nicht einmal als solche erkennen. Die Übungsfolge in diesem Kapitel hilft uns, unsere individuelle natürliche Atmung wiederzuentdecken und uns vertrauensvoll wieder in sie einzulassen.

Die natürliche Atmung wird zu einem wichtigen Fundament für unsere Meditationen – weil damit die Körperfunktionen quasi automatisch harmonisch ablaufen und unsere psychische Situation positiv beeinflusst wird. So können wir eventuelle Störungen der Meditation durch Körperbeschwerden oder Gemütsschwankungen von vorneherein vermeiden. Unsere Atmung soll wieder so natürlich werden, dass sie eine unwillkürliche Stütze für unseren Lebensweg wird, ohne unser Bewusstsein ungebührlich zu beschäftigen.

Irdisches Leben ist Rhythmus, ist Austausch und Balance zwischen Yin und Yang, Spannung und Lösung, Bewegung und Ruhe, Aktivität und Passivität, Werden und Vergehen. Wenn wir einseitig in der einen oder anderen Lebensform verharren, werden wir früher oder später physisch und psychisch leiden. Leben ist zyklischer Wandel, die Atmung ist Träger irdischer Lebenskraft. Gelöste Tiefe, entspannte Regelmäßigkeit und wache Ruhe sind Kennzeichen des natürlichen Atems. Wie der Herzschlag Hinweise auf Harmonie oder Disharmonie in unserem Leben gibt, so lässt der Atemrhythmus ebensolche Rückschlüsse zu.

- Ein stoßweiser, hektischer Atem weist auf Nervosität, Stress oder Aggressionen – auch infolge von Unterdrückung oder Verdrängung – hin.
- Ein flacher und/oder schwacher Atem, noch dazu als Nasenatmung, lässt auf Lebensunlust, Teilnahmslosigkeit oder Oberflächlichkeit schließen.
- Ein starkes Einatmen und schwaches Ausatmen gibt zu erkennen, dass wir uns noch nicht ganz unserem irdischen Hiersein anvertrauen mögen und mehr aufnehmen als abgeben.
- Ein zu kurzes Einatmen und zu tiefes Ausatmen weist auf resignatives alles Hergeben wollen hin.
- Ein in sich stark unregelmäßiger Atem, der mal diese, mal jene Merkmale zeigt, legt den Schluss nahe, dass wir wie ein Blatt im Winde des Lebens mal hierhin, mal dorthin getrieben werden.

Dies sind nur wenige, naturgemäß kursorische Hinweise.

Eine natürliche Atmung besteht dann, wenn der Atem frei und ungehindert fließen kann, ohne vom Ichwillen oder durch unbewusste Stressimpulse beeinträchtigt zu werden. Natürliche Atmung heißt ein Höchstmaß an Atemtiefe, Atemfreiheit und Weiträumigkeit der Atembewegung in Anpassung an den jeweiligen Zustand unserer Gesamtverfassung und an die äußeren und inneren Gegebenheiten. Natürliche Atmung besteht, wenn wir voll und gesund atmen und Verbrauchtes gegen Neues tauschen, ohne dass wir auf die Atmung achten müssen.

»Wer atmet, Ich oder Es?«

Sie können die dreiteilige Übungsfolge im Sitzen, Liegen oder Stehen durchführen. Ich rate, dass Sie alle drei Haltungen einmal ausprobieren. Manche Menschen spüren den Atemvorgang besser im Sitzen, andere im Stehen oder Liegen. Die Anweisung gilt für die Sitzhaltung. Passen Sie sie bitte für andere Haltungen entsprechend an.

Übung: Woher kommt der Atemimpuls? (5 Minuten)

Sinn dieser Übung ist, dass Sie den Ursprung des Atemimpulses Ihrer derzeitigen Atmung erkennen, nicht, dass Sie die »richtige« Antwort geben.

- Setzen Sie sich aufrecht und bequem auf einen Stuhl oder in einen Sessel, allerdings ohne im Bauchbereich einzuknicken, weil das die Atmung der Lungenspitzen, der Flanken und des Zwerchfells behindern würde.
- Lockern Sie Gürtel oder Hosenbund oder zu enge Kleidung.
- Die Hände können Sie auf den Knien ablegen, wie es Ihnen angenehm ist. Schließen Sie die Augen.
- Atmen Sie drei Mal hintereinander kräftig durch den Mund aus, als ob Sie die Atemluft herausstoßen wollten.
- Beim dritten Mal atmen Sie so lang und tief aus, dass Sie sich etwas vornüber beugen, um die letzte Luft heraus zu pressen. Atmen Sie nun nicht sofort wieder ein!
- Halten Sie etwa 10 bis 15 Sekunden inne, ohne einzuatmen, und seien Sie bitte ganz wach und achtsam.
- Wenn Sie spüren, es jetzt nicht mehr länger aushalten zu können, atmen Sie langsam und tief ein und beobachten Sie dabei ganz genau, am besten vom allerersten Moment des Lufteinsaugens an, WOHER der Atemimpuls kommt!

- WOHER kommt der »Zwang«, wieder Luft einzusaugen? Kommt dieser Impuls aus dem Bereich der Nase, oder aus dem Brustraum, aus dem Magen oder aus dem Unterbauch?
- Atmen Sie jetzt einige Male wieder ganz natürlich weiter und wiederholen Sie dann das dreimalige stoßweise Ausatmen, und halten Sie nach dem dritten Male erneut inne.
- Prüfen Sie erneut, wenn Sie spüren, »jetzt muss ich wieder einatmen«, WOHER kommt dieser Impuls?

Gleich, zu welcher Antwort Sie kommen, »lohnt« sich diese Übung, weil wir unsere Aufmerksamkeit auf eine Quelle unseres physischen und psychischen Lebens lenken, die Atmung.

In der natürlichen Vollatmung kommt der Atemimpuls aus dem Unterbauch, etwa zwei Finger breit unterhalb des Bauchnabels, aus dem sogenannten Hara, der physischen Mitte des Menschen. Die Vollatmung folgt dem Atemimpuls aus dem Unterbauch und lässt die Luft durch die Nase langsam und weiträumig von UNTEN angefangen in Zwerchfell, Brustraum und Flanken einströmen. Dabei soll die Nase lediglich als Kanal dienen, und eben nicht, wie bei vielen von uns, als »Befehlsorgan« für die Atmung.

Häufige Fehlatmungsformen sind einseitige Nasenatmung oder Brustatmung, wobei die Zwerchfell- und Flankenatmung stark vernachlässigt wird. Wer viel meditiert, könnte auch die entgegengesetzte Fehlform entwickeln, nämlich eine einseitig übersteigerte Bauchatmung. Vielleicht erklärt sich so die eher wohlbeleibte Körpermitte vieler Gurus und MeisterInnen und auch die des Buddhas!

Übung: Vollatmung aus dem Unterbauch (5 Minuten)

Der Sinn der Übung besteht darin, die wichtigste natürliche und ursprüngliche Atemform bewusst kennen zu lernen.

- Setzen Sie sich wieder aufrecht und entspannt hin. Schließen Sie die Augen.
- Legen Sie jetzt aber Ihre beiden Hände sanft übereinander auf

den Unterbauch, so dass die Hände über dem Bauchnabel und der Zone darunter liegen.

- Atmen Sie dreimal langsam, tief und entspannt ein und aus, und lassen Sie Pausen, die vielleicht zwischen dem Aus- und Einatmen entstehen, ruhig entstehen.
- Atmen Sie nun vertieft aus, pressen Sie restliche Atemluft zuerst aus dem Brustkorb, dann aus dem Bauchraum. Atmen Sie noch nicht wieder ein!
- Stoßen Sie noch einmal den letzten Rest Luft heraus. Es macht nichts, wenn Sie dabei »in sich zusammensinken«, halten Sie aber die Hände sanft auf Ihrem Bauch. Sie stellen fest, dass auch aus dem Bauchraum noch ein bisschen Luft herauskam.
- Versuchen Sie zu erfühlen, wie nun aus der Mitte des Bauchraums heraus der »Zwang« zum Einatmen kommt.
- Atmen Sie nun möglichst ausschließlich in den Bauchraum ein, so dass sich der Bauch richtiggehend füllt. Ihre Hände werden dabei spüren, wie sich Ihre Bauchdecke hebt, während Sie Ihre Aufmerksamkeit auf das Einströmen der Luft im Bauchraum gerichtet halten. Auf dieses äußere Spüren mit den Händen und das innere Spüren mit unserem Bewusstsein kommt es an.
- Beim nächsten Einatmen lassen Sie wieder die Luft zuerst in den Bauchraum einfließen, so dass sich Ihre Bauchdecke spürbar hebt, aber nun atmen Sie noch tiefer und weiträumiger ein, um auch den Brustraum mit Luft zu füllen.
- Beim dritten Einatmen zunächst Bauch-, dann Brustraumatmung, und dann atmen Sie noch tiefer ein, um auch die Flanken zu füllen.
- Um das auch körperlich zu spüren, legen Sie Ihre Hände jeweils mit den Handflächen auf die Rückengegend der Nieren, zwischen dem hinteren Rippenbogen und der Beckenschaufel. Wenn Sie tief genug einatmen, und Bauch- und Brustraum bereits mit Luft gefüllt sind, spüren Sie, wie Sie noch im Flankenbereich »Platz« für mehr Luft haben, und wie sich Ihre Flanken dehnen.
- Zum Schluss probieren Sie drei oder mehr Male aus, wie die

Vollatmung für Sie wirkt, wenn Sie sie wie von selbst geschehen lassen. Das geht erst jetzt, nachdem Sie sie bewusst kennen gelernt haben.

Damit kommen wir zum Abschluss und Höhepunkt unserer dreiteiligen Übungsfolge, dem Erspüren wer oder was eigentlich in oder durch oder mit uns atmet. Haben Sie sich das schon einmal überlegt? Wer oder was atmet eigentlich in uns? Wer oder was schaut aus den schwarzen Löchern unserer Augenpupillen heraus? Ist das unser Ego? Unsere Persönlichkeit? Unsere Seele? Unser Selbst? Was ist das für eine Energie oder Kraft? Oder ist es ein nicht näher definierbares »Bewusstsein«, ein irgendwie bewusstes Sein?

Übung: Atmet Ich oder Es? (5 Minuten)

Der Sinn besteht darin, unsere Aufmerksamkeit zu schulen und herauszufinden, welche Kraft uns zum Atmen bewegt. Es geht jetzt also nicht um das WOHER des Atems, sondern darum, WER oder WAS atmet.

- Setzen Sie sich wieder entspannt, aufrecht und wach hin. Schließen Sie Ihre Augen, legen Sie die Hände auf die Knie oder in den Schoß.
- Beobachten Sie jetzt zehn Atemzüge lang Ihre Atmung, ohne in irgendeiner Weise einzugreifen. Erspüren oder »schauen« Sie, wie Ihr Atemrhythmus derzeit verläuft. Versuchen Sie wirklich nur, Ihren Atemvorgang zu beobachten – ohne jeden Eingriff und auch ohne jede Wertung. Versuchen Sie, jedes Mal ganz bewusst den Impuls zum Einatmen und dem Impuls zum Ausatmen zu erspüren.
- Fahren Sie fort, Ihre Atmung gleichermaßen wach und entspannt zu registrieren. Stellen Sie nun zwölf Atemzüge lang jedes Mal immer genau dann, wenn Sie den Impuls zur Einatmung und den Impuls zur Ausatmung aufkommen spüren, die Frage: WER oder WAS atmet? Atmet mein Ich? Atmet mein Ego? Atmet meine Seele? Atmet etwas anderes, eine unbestimmbare Kraft?

– Wir können vom Ich teilweise lenken, wann und wie wir atmen. Kann unser Ego aber bestimmen, OB wir atmen?
– Lassen Sie sich zum Abschluss ein in das Auf- und Abschwellen der Lebensenergien, die in Harmonie mit der Atmung schwingen. Genießen Sie einfach, vom Kraft des Atems getragen zu werden!

Kein Zweifel: wir können vom Ich her atmen, oder zumindest die Atmung wesentlich beeinflussen. Damit ist unsere Atmung aber den Wechselbädern unserer schwankenden Gemütsverfassung ausgesetzt. Wir können als Ego jedoch nicht bestimmen, dass und ob wir überhaupt atmen! Auch bei der Atmung begegnet uns ein Paradox. Wir müssen zunächst den natürlichen Atem wieder erfahren und uns wieder in ihn einstimmen. Und dann, wenn uns der Atem als Stütze bewusst geworden ist, lassen wir ihn wieder los!

Die besten Hilfen sind bekanntlich jene, um die nicht viel Aufhebens gemacht wird. Meditation kann durch Fehlatmungsformen erheblich behindert oder gestört werden. Die natürliche Vollatmung lässt dagegen unsere Aufmerksamkeit sich dorthin wenden, wo es Not tut: beim Gegenstand unserer Meditation. Außerdem ist sie ein wichtiger Garant dafür, dass Körper und Gemüt sich gesund und in Harmonie befinden.

Warum ist die Atmung als Durchgangsstadium so wichtig? Weil unser irdisches Leben damit engstens verknüpft ist, und weil wir uns in der Meditation letztlich auf Bewusstseinsdimensionen und Kraftquellen ausrichten, welche JENSEITS des physischen Atems liegen. Die bewusste natürliche Atmung führt uns dazu, über den Atem hinauszugehen und unser wahres Wesen zu erfahren, das nicht mehr dem Auf und Ab unterworfen ist.

Über die Zeit nach dem Ende des körperlichen Atmens schrieb Khalil Gibran in seinem Büchlein »Der Prophet«:
Was bedeutet zu sterben schon anderes als nackt im Wind zu stehen

und in die Sonne zu schmelzen? Und was bedeutet aufzuhören zu atmen schon anderes, als den Atem von seinen ruhelosen Gezeiten zu befreien, so dass er sich erheben und ausdehnen möge, um Gott unbehindert zu suchen.

Aber noch leben wir, und also sollten wir die Kraft der natürlichen Atmung strömen lassen und sie ganzheitlich nutzen.

5. Aufmerksamkeit lenken lernen

Ich möchte Sie mit einigen Bemerkungen noch auf das zunächst vielleicht eigenartig anmutende Verhältnis zwischen Wachheit und Entspannung einstimmen, das für jede Form von Meditation bedeutsam ist. Mit Wachheit verbinden wir üblicherweise angespannte Aktivität, mit Entspannung genüssliches Ausruhen. In der Meditation brauchen wir beides. Wachheit und Entspannung sind dabei für uns keine Gegensätze.

Wachheit ist notwendig, um bewusst wahrzunehmen, was an inneren Bildern, Empfindungen, Schwingungen und Kräften spürbar wird. Es bedarf auch der Wachheit, um unterscheiden zu lernen, was ein körperlicher Instinkt, was ein Egogefühl, was eine Gedankenform und was schließlich eine echte geistige, spirituelle Erfahrung aus einer höheren Dimension ist. Und wir müssen ebenfalls wach und achtsam sein, um bewusstes Sein von bewusstem Haben zu unterscheiden. Bewusst-Sein ist letztlich die quasi meditative, damit aber keineswegs der Welt abgewandte, sondern vielmehr sie ganz und ganzheitlich erlebende Einheitserfahrung, dass wir als Einzelwesen und die gesamte Schöpfung aus einer Kraft stammen und an einem Sein teilhaben, und dass es jenseits der Myriaden von Erscheinungsformen und Äonen von Zeitläuften ein Wesentliches, Unveränderliches gibt, dass wir SIND! »Bewussthaben« ist im Gegensatz dazu die Identifizierung mit Einzelgefühlen, Einzelgedanken, Einzelkörperformen ohne zu erkennen, dass diese nichts sind ohne die Wahrnehmungskraft eines »bewussten Bewusstseins«.

Anders und kürzer gesagt: ohne Wachheit kein bewusstes Leben. Ohne bewusstes Leben keine Entwicklungsmöglichkeit. Ohne Entwicklungsmöglichkeit keine Chance, Leid und Krankheit und Tod zu überwinden.

Entspannung ist notwendig – für die Meditation und im Leben – um loslassen zu können. Wir müssen unsere Sorgen, unsere Schmerzen, unseren Kummer, aber auch unsere Erfolge, unsere Begeisterung und unser Glück für die Zeit der Meditation loslassen. Entspannung bedeutet, dass Körper, Gemüt und Geist sich nicht mehr mit dem beschäftigen, was sonst unsere Aufmerksamkeit in Anspruch nimmt. Stattdessen öffnen wir uns in der Meditation für überpersönliche Aspekte unseres Lebens und unseres Wesens.

Wache Entspanntheit oder entspannte Wachheit heißt also, dass wir bereit sind, Körper, Persönlichkeit und all das, was damit zusammenhängt, für einige Zeit beiseite zu lassen bzw. zu überschreiten. Wir können höhere Einsichten und wirksamere Kräfte, die von innen heraus unsere Probleme lösen helfen und unser Leben mit Sinn erfüllen, nur dann erlangen, wenn wir uns für die Ebenen öffnen, von denen her uns diese Energien zufließen. Diese Ebenen sind immer überpersönlich!

Wache Entspanntheit ist eine Voraussetzung für den Kontakt mit den Kräften aus der Mitte, weil wir dann bereit sind, ohne einengende Vorstellungen und Erwartungen das anzunehmen, was das Leben selbst uns in der Zeit der Meditation offenbart.

Überpersönlich heißt übrigens nicht unpersönlich! Zu meditieren bedeutet eben nicht, das irdische Leben zu vernachlässigen oder zu verdrängen. Erst aus dem überpersönlichen Bewusstsein kann sowohl individuelles Lebensglück erwachsen wie eine wirkliche Lösung für unsere politischen, sozialen und ökologischen Weltprobleme. Und auch erst aus einem Ganzheitsbewusstsein heraus kann die Einsicht und Kraft erwachsen, mit dem Wahnsinn der unkontrollierten Beschleunigung des Lebens und Globalisierung der Wirtschaft Schluss zu machen, die uns vorgaukeln wollen, Ökonomie sei der neue absolute Gott.

Nur, wenn wir unmittelbar erfahren und nicht nur intellektuell erkennen, dass alle Lebewesen untrennbar miteinander verbunden sind, werden wir nicht weiter Menschen und Tiere sinnlos töten, nicht weiter aus Profitdenken die Lebensgrundlagen zerstören, nicht weiter die Ungerechtigkeiten zwischen manchen Machthabern und Eliten gegenüber Millionen von Menschen dulden. Erst das innige Erspüren, dass es nur EINEN Bewusstseinstrom gibt, der alles Leben durchdringt, wird das »Paradies auf Erden« entstehen lassen.

Aufmerksamkeit lenken lernen

Neben der entspannten Wachheit, einer »passiven« Einstellung, ist Konzentration als »aktive« Ausrichtung eine weitere wichtige Voraussetzung für erfolgreiche Meditation.

Konzentration ist die Fähigkeit, sich in der Sammlung auf einen Gegenstand, ein Gefühl, einen Gedanken, eine Energieschwingung hin, nicht durch äußere oder innere Störungen ablenken zu lassen. Man kann Konzentration üben! Aus persönlicher Erfahrung – ich bin mit einem eher nervös-sprunghaften Naturell in dieses Leben gekommen – kann ich Ihnen versichern, dass es sogar sehr einfach ist, Konzentration zu üben. Ich hatte gelernt, sogar bei Schreibmaschinengeklapper, Telefonaten und sich unterhaltenden Kollegen mit mir in einem einzigen Raum Texte für Fernsehnachrichtenberichte zu schreiben oder Konzepte für neue Sendungen auszuarbeiten. Ab und an musste ich Nachrichtentexte zu Filmberichten »live«, also während der Sendung, sprechen, während es üblich ist, dass die Sprechertexte für Filmbeiträge vorher aufgezeichnet werden. Und selbst in solchen Situationen hatte ich mich immer wieder mal entschieden, einen Text noch spontan während des Sprechens zu verändern. Auch das erfordert natürlich Konzentration – und ein Vertrauen in den rechten Fluss von Energien.

Auch Sie können lernen, Ihre Aufmerksamkeit so bewusst zu steuern und auf einen kleinen Ausschnitt zu begrenzen. Es erfordert nur einige bewusste Übung.

Zwei der drei Übungsvorschläge, die ich Ihnen dazu machen möchte, beruhen vor allem auf Lernerlebnissen in den Kursen von Anneliese Harf und Paul Bergauer vom Münchner Yogazentrum, die inzwischen beide in eine andere Wirklichkeit übergewechselt sind, und langjährigen eigenen Erfahrungen mit der Meditationsmethode des Sant Mat, der Wissenschaft der Seele (mehr darüber im Kapitel über das sechste Chakra). Aber am Anfang eine ganz einfache, »überzeugende« Übung.

Übung Leuchtendes Band (2 Minuten)

Sie können die erste Übung nur machen, wenn es einigermaßen dunkel ist. Nehmen Sie ein beliebiges Räucherstäbchen, das Sie anzünden und dann ausblasen, so dass nur die Spitze glüht. Löschen Sie das Licht, falls Sie im Zimmer und nicht draußen unter freiem Nachthimmel sind. Nun schwenken Sie das glühende Räucherstäbchen relativ schnell hin und her und probieren auch verschiedene Bewegungsfolgen aus.

Was passiert? Sie werden feststellen, dass Ihre Augen praktisch unwillkürlich der glühenden Spitze folgen, die leuchtende Bänder eines gelb-rotglühenden Lichtes beschreibt.

Was passiert mit Ihrem Bewusstsein dabei? Was macht Ihre Aufmerksamkeit dabei? Sie konzentrieren sie sehr stark, vielleicht sogar fast ausschließlich darauf, mit dem Sehvermögen den Leuchtbahnen des glühenden Räucherstäbchens nachzugehen.

Aufmerksamkeit zu lenken heißt zu üben, unser Bewusstsein zu sammeln, zu bündeln, und möglichst konzentriert auf nur einen Gegenstand, eine Aktivität, ein Gefühl zu richten.

Der erste Lernschritt besteht für viele Menschen darin zu erleben, dass sich die Aufmerksamkeit überhaupt »isoliert« lenken lässt.

Übung Nachklingender Ton (2 Minuten)

Eine im Prinzip ähnliche Übung besteht darin, dass Sie ein klingendes Glas oder eine Klangschale oder Zimbel hernehmen und diese behutsam ein einziges Mal anschlagen. Dann lauschen Sie dem Ton nach, solange es nur irgend geht. Versuchen Sie, auch noch die allerfeinste Klangschwingung wahrzunehmen, während der Anfangston allmählich abklingt.

Das schult ebenfalls Ihre Aufmerksamkeit und Ihre Konzentration. Unterschätzen Sie bitte nicht die Wirksamkeit dieser so »leichten« Übungen. Ich möchte Ihnen erneut eine persönliche Garantie geben: Wer eine Woche lang jeweils 5 Minuten lang am Morgen und am Abend auf diese Weise feinen Klängen nachhört, wird unvermeidlich eine subtile Sensibilität und ein völlig neues Lebensgefühl entwickeln.

Nun zu einer komplexeren Übung. Sie können sie sowohl im Sitzen, wie im Liegen und theoretisch auch im Stehen durchführen. Hier wird die Übung im Sitzen beschrieben.

Übung Durchspüren des Körpers (10 – 20 Minuten)

Sinn der Übung ist, ein besseres und vor allem bewussteres Körpergefühl zu gewinnen. Dadurch wird auch die Sensibilität für psychische Vorgänge geschult. Beides hilft, um für spirituelle Erfahrungen offener zu werden.

- Setzen Sie sich aufrecht und entspannt hin, lockern Sie den Hosen- bzw. Kleiderbund, falls notwendig, verschränken Sie die Beine nicht, und legen Sie die Hände auf die Knie oder in den Schoß. Schließen Sie die Augen.
- Lenken Sie Ihr Bewusstsein in die Füße. Spüren Sie bis hinein in Ihre Zehen. Fühlen Sie, wie der Boden, auf dem Ihre Füße ruhen, Ihren Körper trägt. Vielleicht erfassen Sie auch etwas von der »Verwurzelung« von uns Menschen mit der Erde über unsere Füße. Stimmen Sie sich auf jeden Fall in Ihre Füße ein. Falls es zu kribbeln beginnt, oder Sie ein feines Ziehen bemerken oder andere subtile Veränderungen, sind das im Regelfall Anzeichen für die Lösung von Energieblockaden durch das

bewusstere Erleben der betreffenden Körperzonen. Wenn Sie Spannungen bemerken, können Sie diese mit der Ausatmung an die Erde und die Luft abgeben und sich somit davon lösen.

- Nun verlassen Sie Ihre Füße und wenden Ihre Aufmerksamkeit zunächst den Knöcheln und dann den Waden zu und spüren ebenfalls hinein – ohne jede Urteile und Wertungen. Wie fühlen sich diese Körperzonen an? Sind sie schwer oder leicht, dunkel oder hell, kühl oder warm? Wieder können Sie Spannungen mit der Ausatmung loslassen.
- Sie ziehen jetzt Ihre Aufmerksamkeit weiter nach oben, über die Knie in die Oberschenkel. Verweilen Sie auch hier einige Zeit, bis Sie sich einigermaßen bewusst »eingelebt« haben. Erneut atmen Sie Spannungen aus und geben sie an die Erde ab, die die Energie dieser Spannungen umzuwandeln vermag.
- Danach lenken Sie Ihr Bewusstsein in den Beckenbereich und das Gesäß. Spüren Sie, wie der Stuhl, auf dem Sie sitzen, auf der Erde steht, die auch Sie trägt. Wie fühlt sich der Körperbereich von Gesäß und Becken an? Wenn Ihnen Verspannungen auffallen, so atmen sie diese wieder aus und lösen sich dadurch von ihnen.
- Nun wenden Sie Ihre Aufmerksamkeit einem höher gelegenen Körperbereich zu, dem Rumpf, dem Magen, dem Rücken, dem Brustraum, den Schultern bis zum Hals. Fühlen Sie, wohin in diesem relativ großen Bereich Ihr Bewusstsein Ihre Aufmerksamkeit führt oder zieht? Wie spüren Sie Ihren Rumpf? Kompakt oder locker? Hart oder weich? Eventuell vorhandene Spannungen, die Ihnen jetzt auffallen, lösen Sie mit der Ausatmung heraus.
- Wandern Sie dann mit der Aufmerksamkeit den linken Arm hinab, von den Schultern über Oberarm, Ellenbogen und Unterarm bis hinunter in die Hand, die Finger und die Fingerspitzen. Wie fühlt sich Ihr Arm an? Spüren Sie irgendwelche kleinen Veränderungen, während Sie bewusst so »hineinhorchen«? Wenn Sie den linken Arm jetzt mit dem rechten vergleichen, stellen Sie irgendeinen Unterschied fest? Falls Ihnen jetzt Un-

terschiede auffallen, so ist auch dies ein Zeichen für die Wirksamkeit der Belebung des Körpers durch bewusste Aufmerksamkeit.

- Gehen Sie zum Ausgleich auch den rechten Arm von der Schulter ganz hinunter bis in die Fingerspitzen, wie zuvor beim linken Arm. Fühlen sich beide Arme jetzt gleich an? Lassen Sie wieder alle etwaigen Verspannungen mit dem Ausatmen los.
- Nun lenken Sie Ihr Bewusstsein durch den Hals, hinauf in den Kopf, in Ohren, Oberkiefer, Unterkiefer, Mund, Nase, Augen und Schädelhaut. Wie erleben Sie Ihren Kopf? Als schwer oder leicht, dunkel oder licht? Wenn Sie Spannungen spüren, zum Beispiel um die Mundwinkel herum, um die Ohren, um die Augen oder an der Schädeldecke, atmen Sie sie wieder aus.
- Jetzt, am Ende der Übung: Fühlen Sie sich jetzt insgesamt anders als bei Beginn der Übung? Vielleicht besser? Klarer, frischer und bewusster?
- Welche Körperzonen sind Ihnen jetzt noch in besonderer Erinnerung? Warum? Wollen Sie noch einmal ganz gezielt Ihre Aufmerksamkeit in diesen speziellen Bereich lenken, um ihn noch einmal noch bewusster zu erleben, oder mit der Ausatmung Reste von Verspannungen herauszulösen? Nehmen Sie sich dafür ruhig ein oder zwei Minuten Zeit.
- Atmen Sie zum Abschluss etwas tiefer langsam ein, füllen Sie Zwerchfell, Lungen und Flanken mit neuer Luft und vergegenwärtigen Sie sich dabei, dass Sie hier im Raum sind. Öffnen Sie wieder langsam Ihre Augen, dehnen und recken Sie sich, und nehmen Sie wieder bewussten Kontakt zur Umwelt auf.

Vielleicht machen Sie gern Tagebuchnotizen. Dann lohnt es sich für Sie, kurz aufzuschreiben, wohin es Ihnen leicht fiel, Ihre Aufmerksamkeit im Körper zu lenken, und in welchen Körperzonen Ihre Aufmerksamkeit eher unkonzentriert oder diffus blieb. Vergleichen Sie nach einigen Tagen, ob und wie sich etwas verändert hat. Wenn Sie als AnfängerIn die Gelegenheit haben, mit einem/r kompetenten LehrerIn zu üben, wäre das gut. Denn dann wissen

Sie, an wen Sie Ihre Fragen richten können. Ab und an veranstalte ich Kurse und stehe in diesem Rahmen dann auch gern zur Verfügung.

Die folgenden drei Übungsvorschläge beziehen sich jeweils auf einen Themenschwerpunkt. Ich möchte sie Ihnen ohne längere Erläuterungen vorstellen.

6. Übung für Stille, Ruhe und Frieden

Der Sinn der Übung ist, in Zeiten großer Anspannung – aufgrund von Stress, Schmerzen, Leid, Kummer, Sorgen, Nöten oder Ängsten um sich selbst, die Familie oder Freunde, den Beruf – die Voraussetzung zu schaffen, wieder selbstbewusst, aktiv und gezielt fühlen, denken und handeln zu können. Diese Grundvoraussetzung besteht in innerer Stille, körperlicher Ruhe und seelischem Frieden, wenn materielle und emotionale Konfusion uns sonst zu erdrücken scheinen.

Übung zur Harmonisierung (5 Minuten)

Am besten legen Sie sich auf Ihr Bett, auf ein Sofa oder eine Liege, und nehmen je nach Temperatur im Raum oder im Freien eine Decke über sich, um sich wirklich warm zu fühlen. Sie können diese Übung auch im Sitzen ausführen und entsprechend umwandeln. Achten Sie darauf enge Kleidungsstücke zu lockern.

- Atmen Sie dreimal hintereinander ruhig und tief AUS, ohne auf den Atemrhythmus, die Einatmung und so fort weiter zu achten. Einmal tief und ruhig ausatmen ... noch einmal richtig ausschnaufen ... und ein drittes Mal tief ausatmen.
- Achten Sie nun drei Atemzüge lang auf Ihre EINatmung. Mit jedem Atemzug saugen Sie durch alle POREN, nicht nur mit der Atemluft selbst, das stille Dunkel der Nacht in sich ein. Einmal einatmen und Dunkel aufnehmen ... das zweite Mal ... und das dritte Mal.
- Spüren Sie, wie der zarte Schleier des Dunkels sich um sie legt, wie Differenzierungen aufhören, und wie sich alle Zellen des Körpers im Dunkel entspannen können.

- Fühlen Sie, wie sich im inneren und äußeren des Dunkels Stille in Ihnen ausbreitet und alle Zellen sanft erfüllt.
- Führen Sie Ihr Bewusstsein in den Kopf und bemerken Sie, wie sich Ihre Gehirnzellen entspannen können, weil sie von Dunkel umhüllt und von Dunkel erfüllt werden, und nichts bedenken und nichts angespannt bewerkstelligen müssen.
- Spüren Sie, wie sich auch in Ihrem Bauch Dunkel ausbreitet und alle nervösen Verkrampfungen sanft umhüllt, erfüllt und auflöst.
- Schließlich richten Sie Ihre Aufmerksamkeit in die Mitte Ihres Brustraums und fühlen, wie sich auch hier das angenehme Dunkel weiträumig alles erfüllt und beruhigt hat.
- Stellen Sie sich zum Abschluss ganz entspannt auf die Schwingung von FRIEDEN ein. Spüren Sie, wie in der Mitte Ihres Brustraums die Schwingung von Frieden ganz einfach da ist.
- Lassen Sie dann diese Schwingung von Frieden aus der Mitte Ihres Brustraums überall hin sanft weiterstrahlen – in ihren ganzen Körper, in den Bauch und das Becken … in die Beine und Füße … in die Schulter und die Arme und Hände … in den Hals, den Nacken und den Kopf.
- Bleiben Sie jetzt eine Minute einfach liegen, ohne etwas zu wollen oder zu machen, ohne auf den Atem zu achten oder nachzudenken. Lassen Sie los, liegen Sie einfach da.
- Sie beenden die Übung nun, indem Sie dreimal betont tiefer einatmen: einmal … das zweite Mal … und das dritte Mal. Öffnen Sie die Augen und stellen Sie fest, ob Sie sich anders fühlen als am Beginn der Übung, wohler, gefasster, harmonischer?

Es macht übrigens nichts aus, wenn Sie nach einer längeren Zeit aufwachen und feststellen, dass Sie sogar eingeschlafen sind. Schlaf, schläfrige Ruhe und ähnliche Bewusstseinszustände sind die besten Boten einer beginnenden Entspannung. Sie zeigen an, dass Körper, Gemüt und Geist bereit sind, loszulassen, sich fallen zu lassen, in die Stille einzutauchen, um sich zu erneuern.

7. Meditation für größere Kreativität

Diese Übung kann nahtlos an die vorhergehende anschließen. Die Voraussetzung für Kreativität ist ja zunächst einmal innere »neutrale« Sammlung, um überhaupt die Chance zu haben, sich für höhere geistige Dimensionen und deren Weisheit öffnen zu können.

Übung Inspiration und Intuition (5 Minuten)

Der Sinn dieser Übung besteht darin, sich für Assoziationen, Inspirationen, für die Kraft der »unlogischen« Intuition, für nichtrationale Einsichten und kosmische Energien zu öffnen, um bei konkreten Problemen oder Aufgaben Hilfe aus höheren Bewusstseinsdimensionen zu erhalten. Diese Übung »funktioniert« für alle Bereiche des Lebens, seien es Partnerschaftsthemen, Berufsprobleme, künstlerische Herausforderungen oder die Suche nach spiritueller Wegweisung.

Wieder einmal eine meiner »Garantien«: Diese Übung wird Ihnen immer wieder neue und wertvolle Einblicke in Zusammenhänge und völlig unerwartete Hinweise auf Problemlösungen vermitteln. Vor allem, wenn Sie zuvor die vorhergehende Übung zu Ruhe, Stille und Frieden durchgeführt haben. Am besten machen Sie die Übung im Sitzen: aufrecht, entspannt, locker. Legen Sie sich ein Blatt Papier und einen Stift bereit, die sie aber WÄHREND der Übung NICHT benutzen!

– Schließen Sie Ihre Augen. Lenken Sie nun Ihre Aufmerksamkeit auf das Thema, das Problem oder den Gegenstand des Lebensbereichs, in dem Sie spüren, frische kreative Kräfte und Einblicke zu benötigen. Das sollte nicht in Form einer Frage geschehen, sondern nehmen Sie nur – je nach Veranlagung – das Wort oder ein charakteristisches Bild, das Ihr Thema kennzeichnet. Beispiele für Worte sind Beziehung, Beruf, Spiel, Karriere, Musik, Kind, Liebe, Malerei, Erotik, Gesundheit. Beispiele für Bilder sind Berg, Meer, Urlaub, Sonne, Engel, Bach, Segelboot, Fallschirm, und so fort.

- Stellen Sie sich auf dieses Wort oder das Bild, und alle inneren Reaktionen oder Assoziationen darauf ein, oder auch auf die Schwingung, die Sie im Zusammenhang damit empfinden.
- Bringen, nehmen oder »spüren« Sie diese Schwingung, das Bild oder das Wort dann entweder an die Stelle VOR der Mitte Ihres Brustraums oder ÜBER Ihren Kopf. Machen Sie sonst NICHTS.
- Halten Sie einfach Ihre Aufmerksamkeit in Bild, Wort oder Schwingung ihres Themas gesammelt, welches sich vor Ihrer Brust oder über Ihrem Kopf befindet.
- Und jetzt SCHAUEN Sie mit dem »inneren« Auge, ob und eventuell auf welche Weise sich Bild, Wort oder Schwingung verändern. »Passiert« etwas damit? Fängt etwas an, darin neu und anders zu vibrieren?
- Sehen Sie Licht oder Farben, die wie aus dem Nichts auftauchen und alles durchdringen?
- Sehen Sie geometrische Figuren, Symbole, Gestalten oder ganze Szenen? Was schauen oder spüren Sie, ohne dass Sie irgendetwas Spezielles erwarten oder gar »machen«?
- Beobachten Sie einfach, welche neuen Eindrücke, Bilder, Begriffe oder vielleicht sogar Klänge sie wahrnehmen.
- Nehmen Sie wahr und nehmen Sie an, auch die kleinste, anscheinend unwichtigste Eingebung, Inspiration, Intuition.
- Zum Schluss ziehen Sie Ihre Aufmerksamkeit von dieser bewussten Beobachtung zurück und machen zwei Minuten lang gar nichts! Sie denken nicht, Sie fühlen nicht, Sie spüren nicht. Halten Sie nur stille. Lassen Sie das Thema jetzt ganz los, so weit es Ihnen möglich ist.

– Sie beenden die Übung, indem Sie einige Male tiefer betont einatmen und die Augen wieder öffnen.

Nach aller Erfahrung werden Sie zeitweise von Bildern, Gedanken und Gefühlen oder Assoziationen regelrecht überflutet. Vermutlich haben aber auch Geistesblitze Ihr Bewusstsein durchzuckt und Bruchteile von Sekunden lang so erhellt, dass Sie »wussten«: DAS ist die Lösung. Hoffentlich haben Sie wirklich still gehalten und noch nicht zu Stift und Papier gegriffen, sondern tun dies erst jetzt. Denn dann haben Sie den Fluss des Klärungs- und Inspirationsprozesses nicht unterbrochen, dessen waches Erleben viel bedeutsamer für Ihre Entwicklung ist als die Niederschrift einzelner Problemlösungen.

Sammeln Sie sich jetzt wieder etwas – Sie waren zuvor »ungeordnet« und damit unvoreingenommen offen – und notieren Sie in Stichworten die wichtigsten Hinweise, die für Ihr Thema wichtig sind, soweit es Ihnen noch gegenwärtig ist.

Wiederholen Sie diese Übung an drei Tagen hintereinander und vergleichen Sie am dritten Tag Ihre drei Aufzeichnungen. Die Punkte bzw. Hinweise, die jedes Mal auftauchten, sind im Regelfall jene, die sie aufgreifen und verwirklichen sollten!

8. Meditation für bessere Heilung

Wir Menschen sind dem Wesen nach bewusstes Sein, das sich in verschieden »dichten« materiellen oder energetischen Formen ausdrückt. Die dichteste und materiellste Form ist unser Körper, eine feinere unsere Gefühle, eine noch feinere Gedanken und die am wenigsten materielle Form die reine Energie unserer Seele oder Selbst. Heilung erfolgt nach meinen Erfahrungen wirksam und dauerhaft nur dann, wenn auf allen Ebenen die rechte heilige = heile Ordnung wiederhergestellt und durch Auflösung der disharmonischen Ursachen auch beibehalten wird. Insofern kann es nachhaltige Heilung ohne Beachtung der geistigen Dimensionen meiner Ansicht nach gar nicht geben. Hier ist nicht der Platz, im Detail darauf einzugehen. Deshalb soll an dieser Stelle ein Postulat genügen:

Ohne Aktivierung der Seelenkräfte keine echte Heilung. Meditation, der Atem der Seele, vermag die Seelenkräfte anzuregen. Meditation wird JEDEN Heilungsprozess entscheidend fördern. Heilmeditation ergänzt JEDE physisch und psychosomatisch angezeigte Therapie oder Medizin! Nur von Meditation jedoch Heilung von Krankheiten zu erwarten oder die Lösung aller Probleme, ist unrealistisch und wohl auch ein Zeichen an mangelnder Verantwortungsbereitschaft. Wenn Sie krank sind und sich allein nicht helfen können oder wollen, sollten Sie selbstverständlich professionelle Hilfe in Anspruch nehmen. Wenn Sie Probleme haben und diese allein nicht lösen können oder wollen, fragen Sie kundige Experten um ihren Rat. Ich selber habe zwölf Jahre lang keine Krankenversicherung gehabt und bin in der Zeit auch nicht ernsthaft krank gewesen. Das ist jedoch ein sehr persönlicher Versuch gewesen, den ich nicht zur Nachahmung empfehle. Es gibt etliche Dinge, die nicht jeder Mensch einfach übernehmen sollte. Dazu gehört nach meiner Meinung übrigens auch die »Nulldiät« bzw. die Idee, sich vermeintlich nur durch »Lichtnahrung« zu ernähren. Nach diesem Exkurs nun wieder zurück zum Thema Heilung durch Meditation, bewusst im Sinne einer Gesundheitsförderung, nicht etwa als Therapie!

Übung Heilmeditation mit dem Goldenen Licht (ca. 10–20 Minuten)

Diese Anleitung wurde mir von der Heilpraktikerin Ingrid Kraaz von Rohr zur Verfügung gestellt, die große Erfahrung damit hat und außerordentlich ermutigende Resultate mit dieser Übung bei Teilnehmern/innen von Seminaren und bei Patienten verzeichnen konnte. (Einen Hinweis auf ein Buch und eine CD von ihr finden Sie im Anhang.)

- Setzen Sie sich bequem, mit aufrechter Wirbelsäule und zugleich entspannt hin, lockern Sie zu enge Kleidungsstücke, die Beine können nebeneinander stehen oder locker übereinander geschlagen sein, wie es Ihnen am angenehmsten ist. Sie können Ihre Hände auf die Oberschenkel legen oder locker zusammenfalten. Wichtig ist, dass Ihre Wirbelsäule wirklich so aufrecht ist, wie dies Ihr Körperzustand zulässt, aber ohne jede Verkrampfung. Lehnen Sie sich ruhig hinten an der Stuhllehne oder an der Wand an!
- Atmen Sie dreimal nacheinander tief ein und tief aus, in einem ruhigen Rhythmus. Denken und spüren Sie beim Ausatmen, dass alle Giftstoffe und alle sie belastenden Probleme Ihren Körper verlassen.
- Atmen Sie nun normal ruhig weiter, ohne an etwas zu denken. Stellen Sie sich jetzt vor, dass eine violette Flüssigkeit von oben über Ihren Scheitel und Ihren Kopf in sie hineinfließt. Diese Flüssigkeit reinigt Sie inwendig vollkommen, löst auch schon lange vorhandene Ablagerungen heraus, und gleichzeitig alle körperlichen, gefühlhaften und geistigen Belastungen.

- Die violette Flüssigkeit fließt in kreisenden Bewegungen durch Ihren ganzen Kopf. Mit der inneren Reinigung entspannt sich auch Ihr Gesicht äußerlich.
- Die violette Flüssigkeit strömt weiter in kreisenden Bewegungen durch Ihren Hals, auch durch die Halswirbelsäule, und verteilt sich in beide Schultern, Schulterblätter, Arme und Hände, bis hinein in die Fingerspitzen.
- Nun fließt die violette Flüssigkeit durch Ihre Brustwirbelsäule, und gleichzeitig hinein in den Oberkörper, den Brustraum und die Rückenpartien, durch das Herz, die Lungen, den Magen, durch die Leber rechts innen unter den Rippen, durch die Milz und die Bauchspeicheldrüse links innen unter den Rippen. Wenn Sie das Gefühl haben, in einem Organ oder in einem Bereich mehr reinigen zu müssen, so lassen Sie die violette Flüssigkeit bewusst jede einzelne Körperzelle in dieser Zone durchströmen.
- Weiter kreist die violette Flüssigkeit durch Ihre Taille hinunter in den Unterkörper, durch Ihren gesamten Darm, durch Nebennieren etwa hinten innen unter den Rippen, sowie durch die Nieren, die darunter liegen.
- Weiter fließt die reinigende Flüssigkeit durch den Unterleib, durch die Keimdrüsen, bei Frauen durch die Eileiter, Eierstöcke und die Gebärmutter, bei Männern durch die Prostata, und schließlich durch die Blase und den Anus.
- Dann verteilt sich die violette Flüssigkeit in beide Beine und strömt erst durch die Beckenschaufeln, danach durch die Oberschenkel, kreist durch beide Knie, die Waden, durch die Knöchel, die Fersen und durch beide Füße bis zu den Zehenspitzen.
- Die violette Flüssigkeit tritt schließlich an den Zehenspitzen wieder aus und fließt tief in die Erde hinein, bis ins Innerste, wo die herausgeschwemmten Ablagerungen, Giftstoffe, Belastungen, negativen Gedanken und Gefühle, Verspannungen und Probleme verbrannt und energetisch transformiert werden.

Lassen Sie es nun einige Male tief in Ihnen aufatmen und werden Sie sich mit dem ruhigen Atemfluss, der frische, neue Luft bringt, bewusst, dass Sie nun innerlich gereinigt sind. Jetzt sind Sie aufnahmefähig für neue Energien und neue Qualitäten. Erst nach einer solchen Reinigung von alten Schlacken können frische Energien wirksam aufgenommen werden. Bleiben Sie bequem, mit aufrechter Wirbelsäule und zugleich entspannt sitzen.

- Atmen Sie nun normal ruhig weiter, ohne an etwas zu denken. Stellen Sie sich nun jetzt vor, dass eine goldene Flüssigkeit von oben über Ihren Scheitel und Ihren Kopf in sie hineinfließt. Diese Flüssigkeit erfüllt jede Zelle mit reiner kosmischer und göttlicher Energie. Diese Energie strahlt durch alle Dimensionen und in alle Ihre drei Körper – den geistig-spirituellen, den astral-emotionalen und den physisch-materiellen Körper.
- Die goldene belebende Flüssigkeit fließt durch Ihren ganzen Kopf. Damit beginnt Ihr Gesicht auch äußerlich Freude und Leben auszustrahlen.
- Die kosmische goldene Flüssigkeit strömt weiter durch Ihren Hals, durch die Halswirbelsäule, und verteilt sich in beide Schultern, Schulterblätter, Arme und Hände, bis hinein in die Fingerspitzen. Vielleicht spüren Sie so etwas wie ein belebendes Kribbeln oder eine angenehme Wärme – das ist ganz in Ordnung.
- Nun fließt die goldene Flüssigkeit durch Ihre Brustwirbelsäule, und gleichzeitig hinein in den Oberkörper, den Brustraum und die Rückenpartien, durch das Herz, die Lungen, den Magen, durch die Leber rechts innen unter den Rippen, durch die Milz und die Bauchspeicheldrüse links innen unter den Rippen. Wenn Sie das Gefühl haben, dass Sie in einer bestimmten Körperzone mehr dieser stärkenden göttlichen Energie brauchen, lassen Sie die goldene Flüssigkeit bewusst möglichst jede einzelne Zelle in diesem Bereich durchfließen.
- Weiter strömt die goldene Flüssigkeit durch Ihre Taille hinunter in den Unterkörper, durch Ihren gesamten Darm, durch Nebennieren etwa hinten innen unter den Rippen, sowie durch die Nieren, die darunter liegen.

- Weiter fließt diese lichte Flüssigkeit durch den Unterleib, durch die Keimdrüsen, bei Frauen durch die Eileiter, Eierstöcke und die Gebärmutter, bei Männern durch die Prostata, und schließlich durch die Blase und den Anus.
- Dann verteilt sich diese goldene Flüssigkeit in beide Beine und strömt erst durch die Beckenschaufeln, danach durch die Oberschenkel, fließt durch beide Knie, die Waden, durch die Knöchel, die Fersen und durch beide Füße bis zu den Zehenspitzen.
- Die göttliche kosmische golden-energiegeladene Flüssigkeit tritt schließlich an den Zehenspitzen wieder aus und fließt tief bis ins Innerste der Erde hinein.
- Werden Sie sich bewusst, wie Sie sich jetzt fühlen im Vergleich zum Beginn der Übung vor der Reinigung durch die violette Flüssigkeit, und im Vergleich zum Beginn der Übung mit dem goldenen Licht, nach der Lösung von alten Mustern. Fühlen Sie sich sich jetzt angenehmer, klarer, frischer, wacher, aktiver, glücklicher?
- Zum Abschluss der Übung, um »zurückzukommen«, spüren Sie in Ihre Füße hinein, mit denen Sie fest auf dem Boden ruhen und mit ihm verwurzelt sind, und atmen Sie dreimal betont tief ein und aus. Öffnen Sie langsam Ihre Augen und kehren Sie in Ihren Tag zurück.

Wir Menschen dienen als Brücke und »Transformator« der göttlichen Energien für die irdische Welt, für die Erde. Die goldene Kraft bringt nicht nur uns selbst frische Lebendigkeit, sondern lässt auch der Erde neue Energien zuströmen. Wir Menschen sind für uns UND für unseren Heimatplaneten verantwortlich.

Sie können diese Meditation mit dem goldenen Licht weiter führen, indem Sie sich nun auf Ihr drittes Auge oder Augenbrauenzentrum konzentrieren. Dort stellen Sie sich dann auf Licht ein, das in verschiedenen Farben auftauchen kann. Die Farbe, die dann auftaucht, wird benutzt, um individuelle Themen und Probleme zu harmonisieren und sich zu stärken.

Wenn Sie den ersten Teil der Übung an lieber mit goldenem oder silbernen Licht, mit Rosa oder Grün und so fort machen möchten, könnte das für Sie unter Umständen noch geeigneter sein. Violett soll reinigen und heilen, Blau beruhigen, Türkis klären, Grün harmonisch ausgleichen, Lemon (Grüngelb) Stauungen lösen, Gelb anregen, Rosa Liebe und Sanftheit ausstrahlen, Silber klären und energetisieren, Gold schließlich heilen und vitalisieren. Für den zweiten Teil könnte sich je nach Stimmung statt goldenes Licht auch rosa oder hellblaues eignen. Probieren Sie selber aus, was Ihnen gut tut.

II. Lebenskraft aus der Mitte

Die Reise, die wir beginnen, wenn wir dem Ruf folgen,
ist lang und von all dem erfüllt,
was wir gewesen sind und was wir noch werden.

Cairistiona Worthington, in:
Philip Carr-Gomm: Die Weisheit der Druiden

9. Meditation, das höhere Selbst und der Emotionalkörper

Sie haben als AnfängerIn mit den vorhergehenden Übungen einige erste, als Fortgeschrittene/r vertiefte Erfahrungen machen können. Sind das bereits Meditationserfahrungen, hat es sich dabei bereits um unmittelbares inneres Erleben gehandelt? Ich vermute, dass die meisten unter Ihnen auch echte Meditationserfahrungen machen durften. Dennoch waren dies aus gutem Grund zunächst einmal geführte Visualisationen und Konzentrationsübungen, die dazu dienten, eine erhöhte Sensibilität für das innere Erleben zu entwickeln bzw. zu vertiefen. Für uns Menschen, die im Westen mit seinen intellektuellen Traditionen groß geworden sind, hat es einen Sinn und durchaus auch einen Reiz, gedankliche Konzepte zu entwickeln, die uns helfen, uns in unserem Innenleben besser zu orientieren. John C. Lilly hat in seinem Buch »Im Zentrum des Zyklonen« eine Landkarte des Bewusstseins nüchtern, ohne religiösdogmatische Zutaten, beschrieben. Eine andere Art der Orientierung möchte ich Ihnen vor dem Hintergrund meiner eigenen Erfahrungen und meines Wissensstands anbieten.

Körper

Unserer Körperlichkeit sind wir uns sehr bewusst. Wir spüren unseren Körper vor allem dann, wenn etwas weh tut, wenn wir krank sind, wenn wir aufgeregt werden und feuchte Hände, rote Wangen oder einen nervösen Bauch bekommen. Wir freuen uns an der Körperlichkeit beim Essen, beim Schlafen – genauer, kurz vor und kurz nach dem Schlaf, wenn unser Schlaf gesund ist –, und im liebevollen sexuellen und erotischen Austausch. Viele

Menschen im Westen halten ihren Körper fit mit Sport, Gymnastik und mancherlei Übungen. Manche »Kopfarbeiter« vernachlässigen ihn. Wie so oft, stellt ein Mittelmaß in Bezug auf die Erhaltung der körperlichen Existenz auch hier den goldenen Weg der Mitte dar.

Wie kommt es nun, dass wir auch ANGST vor dem Körper spüren? Warum haben wir Angst, den Körper eines Tages abzulegen? Einen Körper, der sich ja ohnehin ständig physikalisch verändert, dessen Bestandteile spätestens nach sieben Jahren völlig andere und neue sind als zuvor, der ja auch weder von Größe noch von Statur und Beschaffenheit je gleich bleibt. Warum also haben wir Angst, diesen keineswegs festgefügten Hort zu verlassen? Weil wir das körperliche Leben für das einzige oder zumindest das wichtigste Leben halten! Weil wir noch wenig, vor allem wenig uns wirklich überzeugende, Erfahrungen anderer Lebensformen besitzen!

Gefühle

Unsere Gefühle haben wir häufig bewusst kennen gelernt – sei es in positiver oder in negativer Weise. Unbewusst leben wir nahezu ständig in der Identifikation mit Gemütsbewegungen. Wir erinnern uns leicht daran, wie es sich anfühlt, wenn wir uns ärgern, wenn wir traurig sind oder ängstlich. Oft fällt es uns schwerer, uns darauf einzustellen, wie wir Freude spüren, Wohlbefinden und Zufriedenheit, Fröhlichkeit oder sogar Glück oder Liebe.

Gedanken

Auch Gedanken sind uns als beinahe permanente Begleiter unseres Lebens vertraut. Teils als Störenfriede, die in der Konzentration auf eine Arbeit oder in der genüsslichen Freude von etwas quer schießen und uns ablenken, teils als begehrte Helfer, um Probleme zu lösen, oder als Impulse, die wunderschöne Phantasieträume anstoßen und ausmalen.

Gewohnheiten

Liebgewordene Gefühle und Gedanken, die sich in Gewohnheiten – Tabak-, Alkohol-, Drogen- oder Fleischkonsum zum Beispiel, und in Erwartungshaltungen – an die PartnerIn, Familie und die Umwelt – ausdrücken, mögen wir nicht gern ändern oder gar aufgeben. Hass, Neid, Eifersucht, Herrschsucht, Habgier oder Ichbezogenheit gehören ebenso zu Gefühlen und Gedanken, die uns immer wieder einmal zu beherrschen scheinen. Wir halten uns stark daran fest, und reagieren meist mit Ärger, Enttäuschung, Angst, Verbitterung oder Resignation, wenn das Leben uns aufgibt, solche Gefühls- und Gedankenmuster und vor allem deren Ursachen zu überprüfen und zu revidieren, zumal, wenn der Anstoß dazu nicht freiwillig und von uns aus erfolgt, sondern vermeintlich von außen. Allerdings geben wir lieber ein Gefühls- und Gedankenmuster auf, als unser körperliches Leben.

Höheres Bewusstsein

Nun hören wir viel davon, dass andere, genauso wichtige oder sogar wichtigere Formen in oder für jeden Menschen existieren, in und durch welche man sich und das eigene bewusste Sein ausdrücken kann. Wir hören vom »höheren Selbst«, vom »Emotionalkörper«, von der »Seele« oder dem »Selbst«, vom »Astralkörper«, vom »Kausalkörper« und anderen subtilen Körpern, die wie eine undurchsichtige Hülle unser eigentliches Wesen umschließen – als Inspiration, als Schutz und gleichzeitig als Gefängnis. Manches davon haben wir wahrscheinlich schon ab und an kennen gelernt – aber noch nicht genug, um Urängste vor dem körperlichen Tod zu verlieren, und auch noch nicht genug, um ein Gleichmaß angesichts von plötzlichen und unfreiwilligen Veränderungen unserer Gefühls- und Gedankenwelt zu bewahren.

Sie werden im Verlauf dieses Buches u.a. zu zwei wichtigen Übungen eingeladen, um ganz praktische eigene Antworten auf diese Fragen zu finden, in der »Wo bin ich?«-Meditation und der »Wer bin ich?«-Meditation. Der folgende Entwurf dient als modellhafte Übersicht, nicht etwa als ein weiterer fruchtloser Versuch unter unzähligen anderen, mindestens vierdimensionale Prozesse in unserer zweidimensionalen Sprache darstellen zu wollen. Und er dient auch nicht dazu, Ihre eigenen Antworten zu entwerten oder auch nur zu beurteilen. Mit diesen Einschränkungen also stelle ich Ihnen eine Menschen- und Weltsicht vor, wie sie mir als hilfreich und weitgehend realistisch erscheint.

Ein Modell des Menschen

Ähnlich, wie wir inzwischen das Paradox kennen gelernt haben, dass Licht sowohl ein Teilchen wie eine Welle sein kann, können wir sagen: das Wesen des Menschen, unser Bewusstsein, drückt sich durch den physischen Körper aus und ist insofern »in« ihm konzentriert – gleichzeitig aber ist das Bewusstsein unbegrenzt und geht weit über die körperliche Form hinaus. Zu einem umstrittenen Zeitpunkt nach der Befruchtung – etwa zwischen zwei bis acht Wochen danach – verdichtet sich Bewusstsein im entstehenden neuen Körper und beginnt, ihn zu durchdringen. Beim Tode verlässt das Bewusstsein seine Verdichtungszone dieses Körpers wieder.

Was vor der Geburt geschieht und was nach dem Tode passiert ist zwar von höchstem Interesse und ein spannendes Forschungsgebiet. Wir wollen uns in diesem Buch aber im wesentlichen auf unser Leben Hier und Jetzt konzentrieren und untersuchen bzw. erfahren, wie wir das Hier und Jetzt anders, besser, schöner, weiser und glücklicher gestalten können. Wir wollen uns mehr um selbst nachprüfbares Erleben feinerer Bewusstseinsdimensionen kümmern und weniger um allzu spekulative Betrachtungen.

Unbestritten ist also, um den Faden wieder aufzunehmen, dass uns der Körper als eine Art Station oder Heimat oder eben Verdichtungszone für unser Bewusstsein dient. Dass Bewusstsein darauf aber in keiner Weise begrenzt ist, sondern eben nur im Körper zeitweise verankert oder verwurzelt ist, oder sich womöglich auch nur vorzugsweise aber nicht irgendwie total verhaftet darin aufhält, verdeutlichen einige wenige Beispiele.

Traum

Im Traum liegt der Körper unter einer Decke auf dem Bett, unsere Gefühle und Gedanken treiben sich aber in Österreich im letzten Urlaub herum. Oder wir finden uns in einem krausen Panoptikum aus Versatzstücken unseres letzten Alltags und politischen Ereignissen wieder. Vielleicht träumen wir uns in wunderschöne Landschaften mit wunderschönen Menschen oder in Welten erfüllt von Fabelwesen? Auf jeden Fall hat unser subjektiv bewusstes Erleben nichts mit unserer Körperbegrenzung mehr zu tun, denn wir liegen ja nach wie vor in Herne oder Linz oder St. Gallen in einem dunklen Zimmer unter dem Federbett.

Film

Und was passiert im Film? Wir sitzen gemütlich in einem Kinosessel oder lümmeln uns zuhause auf die Couch, knabbern Salzstangen oder Schokoladennüsse und lassen uns auf bunter Bilder Schwingen und wundersamer Laute Klängen in antike Dramen um Kleopatra, hehre Ritterkämpfe des Mittelalters, auf die Straßen Berlins beim Mauerfall oder mittels Ufos auf fremde Sterne katapultieren. Wir lachen und weinen, wir leiden mit und sind gerührt vom Happy End. Das alles, während wir doch in trauter Umgebung sitzen und unser Körper kaum mehr als ein paar Zentimeter hin und her gerutscht ist. Die Frage lautet also: wer sitzt da eigentlich? Und wer erlebt?

Innere Bilder aus einer anderen Dimension

Ein drittes und letztes Beispiel, ein ganzes Stück persönlicher: Wir lassen uns in eine geführte Visualisation ein, oder eine »Rückführung«, oder eine »Astralreise«; es spielt keine große Rolle, wie wir das nennen. Vielleicht meditieren wir gar und erfahren innere Visionen. Und diese Bilder zeigen UNS, vielleicht in derselben Gestalt, vielleicht in einer anderen, vielleicht gleich alt oder jünger bzw. älter, vielleicht mit einem anderen Geschlecht? Nun erleben wir plötzlich, wie sich diese uns so gut bekannte Person in ihrer dortigen Umgebung verhält, wie sie sich mit anderen Menschen austauscht, wie sie reagiert, welche besonderen Charaktermerkmale sie trägt, welche Schwächen und Stärken sie besitzt … und wir erkennen mit einem Male Themen, Probleme oder Herausforderungen unseres jetzigen Lebens im Gewande einer anderen Zeit, einer anderen Umgebung. Wir stellen fest, dass diese Szenarien sehr unmittelbar mit uns zu tun haben, dass sie wie ein Spiegel für uns heute wirken. Wir begreifen, welche Verhaltensmuster wir immer und immer wiederholen, welche Art von Menschen und Situationen wir immer wieder anzuziehen scheinen. Und wir erkennen auch, dass und was wir in unserem Leben ändern müssen und können, um eine neue Lebensqualität zu erlangen. All das geschieht, während wir doch auf einem Bett liegen oder in einem Lehnstuhl sitzen, halb wie in Trance, und den Körper nicht vom Fleck gerührt haben.

Aus eigenem Erleben kann ich sagen, dass man in solchen »Bewusstseinsreisen« auch Gegenstände oder Situationen erfahren kann, die einem im späteren physischen Leben wiederbegegnen. Ich habe in einer »Rückführung« Bilder gesehen, die im anschließenden, mir unbekannten Fernsehprogramm auftauchten. Bei anderen Gelegenheiten sah ich bestimmte einzigartige Objekte, die ich später auf einem Markt wiederentdeckte. Sicher haben Sie selbst so etwas Ähnliches auch schon einmal erlebt, oder aus der Familie oder dem Freundeskreis gehört, dass Situationen, vielleicht in Träumen, »vorweg genommen« wurden, die sich später genauso oder sehr ähnlich in der irdischen Realität abspielten.

Das nicht-physikalische Bewusstsein

Unser Bewusstsein dehnt sich offensichtlich sehr viel weiter aus und ist keineswegs nur auf unseren physischen Körper beschränkt. Lassen Sie sich nichts von sogenannten Wissenschaftlern vormachen, die unser Bewusstsein nicht geistig, sondern brachialmaterialistisch mit bioelektrischen Impulsen oder chemisch-physikalischen Reaktionen erklären wollen. Bewusstsein kann von jedermann/frau als rein geistiges Phänomen erlebt werden. Schauen Sie zu, wenn eine Mutter ihr Kleinkind liebevoll ansieht. Die Energie, welche zwischen den Augen hin und her fließt, lässt sich nicht messen oder wiegen, und sie ist doch sehr real! Möglicherweise haben Sie auch bereits eine Seele den Körper verlassen sehen. Dann wissen Sie, dass mit einem Male ein Körper, der gerade noch – so leidend er gewesen sein mochte – lebendig war, nun wie eine tote, leere Hülle auf dem Bette liegt. Was ist in beiden Fällen geschehen? Das eben nicht auf Atome und Moleküle reduzierbare Bewusstsein drückt sich durch die »Fenster der Seele«, die Augen, aus. Solange das Bewusstsein regelrecht herausschaut aus den Augen, »lebt« der Mensch. Wenn das nicht mehr der Fall ist, wenn die Augen geschlossen sind, nicht nur nach dem physischen Tod, sondern auch bei Meditationen, in denen man das Körperbewusstsein teilweise oder ganz überschreitet: Wohin geht das Bewusstsein denn dann? Löst es sich auf? Unsere moderne Wissenschaft sagt, dass sich Energie nie auflöst, sondern nur immer transformiert. Bewusstsein ist auch eine Form von Energie. Wir wollen einmal versuchen, Bewusstseinsschichten zu unterscheiden.

- Da ist einmal unser Tagesbewusstsein, mit dem wir in unserem Alltag leben.
- Irgendwie anders ist unser Traumbewusstsein, das uns auf so eigenartige Weise von vielen Körperbegrenzungen befreit. Auch Tagträumerei, Phantasie und ähnliche Bewusstseinszustände gehören dazu.
- Dann kennen wir sicher alle instinkthaft aufkommende Gefühlsreaktionen, oft heftiger Natur, die aus dem sogenannten Unbewussten bzw. aus dem Unterbewussten, aus Kindheitsprägungen oder der Aktivierung kollektiver Archetypen und archetypischer Situationen erwachsen – manche sagen sogar, aus den in den Körperzellen gespeicherten Eindrücken aus früheren Leben, die dort genauso angelegt sein sollen wie alle genetischen Informationen. Chris Griscom nennt die Summe dieser tief in uns eingeprägten »Programmierungen« den Emotionalkörper, dessen Sitz im Solar Plexus- oder Nabelzentrum, einem wichtigen Kraftort und »Chakra«, sei. Sie misst diesem Emotionalkörper eine sehr hohe Bedeutung bei.

- Als »Gegenspieler« des Emotionalkörpers wird von ihr und vielen anderen das »höhere Selbst« angesprochen – eine Instanz in uns, die mehr als nur das Gewissen oder die innere Stimme sei. Unser Tagesbewusstsein soll sich auf die Botschaften des »höheren Selbst« einstimmen, um Blockaden des »Emotionalkörpers« aufzulösen, bzw. nicht erledigte Themen, die dort festsitzen, entsprechend abzuschließen.

Spaltung der Ganzheit?

Es ist für unser Thema Meditation wichtig festzuhalten, dass zahlreiche LehrerInnen davon ausgehen, dass es eine Art Polarität zwischen dem Tagesbewusstsein und dem Überbewusstsein des höheren Selbst einerseits und dem Unterbewussten des Emotionalkörpers andererseits geben soll. Sie bauen die von ihnen vorgeschlagenen Therapien und Entwicklungswege naturgemäß auf dieser Sicht auf.

Ich konnte und kann dem nicht folgen. Eine Ganzheit kann nach meiner Erfahrung nicht aus einer Aufspaltung und Gegenüberstellung von Teilaspekten des Bewusstseins entstehen, sondern nur aus EINER Kraft, die alle Ebenen durchdringt, mit allen Bewusstseinsdimensionen übereinstimmt und die darüber hinaus nicht nur auf die uns jeweils bekannten Ausdrucksformen von Bewusstsein begrenzt ist. Konkret gesagt: Wenn es so etwas wie das höhere Selbst tatsächlich gibt, dann SIND wir es. Wir müssen dann nicht das höhere Selbst um Rat bitten vom Standpunkt eines davon getrennten Bewusstseins aus. Mir kommt diese Anschauung immer wie eine Art Persönlichkeitsspaltung vor. Denn wenn wir die vermeintliche Instanz des höheren Selbst um Fingerzeige bitten, wer oder was ist es dann eigentlich, der fragt? Wer ist es, der die Antwort erfahren möchte?

Meditation ist ein wirksamer Weg, zu jener Kraft zu finden, welche die Erfahrung von Ganzheit möglich macht. Wir erleben zunächst Erscheinungsformen und Wirkungen von Kräften, die wir aber nicht außerhalb oder unterhalb oder oberhalb von uns suchen, sondern innerhalb unser selbst. Durch den Prozess des Erlebens dieser Kräfte und die Wahrnehmung, dass sie aus UNS SELBST ausstrahlen, werden wir gewahr, dass diese Kräfte Teil bzw. Ausdruck unser selbst sind und wir gleichzeitig zu Schöpfern und Nutznießern dieser Energien werden. Schließlich erkennen wir, dass wir selbst diese Kräfte SIND.

Meditation führt zur Offenbarung der Lebenskraft aus der Mitte, die wir am Anfang vielleicht als etwas von uns Getrenntes erleben, mit der wir uns jedoch früher oder später als identisch erfahren. Es gibt keine isolierten Teilaspekte und widerstreitenden Kräfte hier und dort und sonst noch wo, sondern nur EIN universelles Bewusstsein, an dem wir teilhaben und als Welle oder Strahl dessen wir uns über kurz oder lang selbst erkennen können. Und müssen sowie dürfen! Denn das ist ja schließlich der Hauptsinn dieses merkwürdigen Mysterienspiels, das wir Leben nennen.

Meditation und Psychologie

Es geht hierbei übrigens keinesfalls um eine Vernachlässigung oder gar Verdrängung wichtiger psychologischer Phänomene, Probleme oder Therapieprozesse, wie die aus der Tiefenpsychologie bekannten, jene der Individuation, der Erkenntnis wechselseitiger Innen- und Außensteuerung, der dynamischen Energietherapien, des wunderbaren Weges der »Psychologie der Vision« und so fort. Diese und andere psychologischen Selbsterfahrungswege sollen keineswegs unter einem vermeintlich heiligen Mantel einer frommen, aber undifferenzierten und deshalb nicht so recht hilfreichen Einheitsgesundbeterei versammelt werden.

Nur müssen wir aufmerksam unterscheiden zwischen Diagnose und Therapie an einzelnen Facetten eines Lebens und der Hinwendung zum Kern, zum Wesentlichen, zur Mitte. Erst diese Hinwendung zur Mitte erlaubt uns, die einzelnen äußeren Facetten im rechten Zusammenhang zu sehen. Gedankenkonstruktionen der Zersplitterung ziehen Zersplitterung als Folge nach. Bildentwürfe von immer größeren Einheiten führen naturgemäß zu Aufnahmebereitschaft für immer umfassendere Ganzheitlichkeit.

Meditationsformen, die sich ganzheitlichem Erleben widmen, öffnen für universelle Einheit.

Meditation hilft, sich als das zu erkennen, was den Körper, die Gefühle und Gedanken, das Unbewusste, das Unterbewusste, den Emotionalkörper, das Ich, das Über-Ich, das Überbewusste, das höhere Selbst, die irdische Ebenen, die astralen und kausalen Dimensionen, schlechthin die gesamte Schöpfung überhaupt belebt und bedingt: BEWUSSTES SEIN! Lebenskraft aus der Mitte heißt, Antworten auf die Fragen zu erfahren: Wo ist Bewusstsein? Wer ist Bewusstsein?

Eine Er-Innerung

Ich weiß, dass ich es Ihnen manchmal nicht gerade leicht mache. Es wäre einfach, mit schwungvollen, emotional geladenen Erklärungen den Eindruck zu erwecken, als ob Meditation und Bewusstseinsentwicklung identisch mit gemütvollen oder gar sentimentalen Stimmungen wäre. Auch könnte man leicht Weltbilder entwerfen, die angeblich von höheren Wesen inspiriert sind und durch und durch überzeugend erscheinen. Es ist dagegen sehr viel schwieriger und unattraktiver, keine Glaubensbekenntnisse zu fordern oder zu fördern, sondern dazu einzuladen, eigene Erfahrungen zu machen. Und wenn Sie dann auch noch nicht einmal eine genaue Landkarte des Bewusstseins in die Hand bekommen, sondern lediglich mehr oder weniger vage oder subjektive Hinweise, mögen Sie sich unter Umständen manchmal etwas verloren vorkommen. Deshalb möchte ich Sie an dieser Stelle an etwas er-innern:

SIE haben eine unmittelbare Verbindung zur unzerstörbaren lebendigen Kraft des All-Bewusstseins, SIE selbst SIND ein Teil davon. SIE SELBST sind sowohl Mittler schöpferischer Energien als auch Sender UND Empfänger. Die Tatsache, dass wir »Bewusstsein«, »Leben«, »Liebe«, »Gott« auch nur denken oder hoffen können, ist ein untrüglicher Fingerzeig zumindest für die Möglichkeit deren »realer« Existenz. Goethe hat formuliert: »Und wär das Aug nicht sonnenhaft, die Sonne könnt es nicht erkennen.«

Wissen allein reicht nicht hin, wir bedürfen der bis ins Mark reichenden persönlichen Erfahrungen auf allen Seinsebenen, wir brauchen die eigene Schau bzw. das persönliche Erspüren, das unmittelbar oder intuitiv erfasste Erleben der Ganzheitlichkeit, um über ein vielleicht bereits vorhandenes rationales Erkennen hinaus zu einer tragfähigen Basis für unsere Lebensführung im Alltag zu gelangen. Ohne Vertrauen in die uns innewohnenden Kräfte, ohne Vertrauen in unser bewusstes Sein … wie sollten wir hier und danach glücklich sein können? Die nächsten vier Übungen dieses II. Hauptteils sowie die Meditation über den Tod und die »Wer bin ich?«-Meditation im III. Hauptteil dienen dazu, ein solches Vertrauen zu entfalten.

10. Wo bin ich? Körpermeditationen

Übung »Wo bin ich?« (10 Minuten)

Sinn der Übung ist, klarer unterscheiden zu lernen und sensibler erfahren zu können, in welchen Räumen sich unser Bewusstsein befindet, und ob unser Bewusstsein auf bestimmte Räume begrenzt ist oder nicht.

Die Übung kann im Sitzen oder im Liegen durchgeführt werden. Sie sollen sich während der Übung körperlich so bequem fühlen, dass Sie ihren Körper nicht unangenehm spüren, sondern eher »vergessen« können. Lockern Sie wieder zu enge Kleidungsstücke; setzen Sie sich ruhig, wenn Sie mögen, in einen weichen Sessel mit Rücken- und Armlehnen.

Einstimmung

- Schließen Sie Ihre Augen.
- Atmen Sie dreimal ruhig, tief und hörbar ein und aus, und versuchen Sie, mit der Ausatmung alle Spannungen des Tages loszulassen.
- Wenn Sie sitzen, lassen Sie mit der ersten Ausatmung Belastungen in Ihren Schultern los. Sie stellen fest, dass sich die Schultern dabei entspannen und ein bis zwei Zentimeter herabsinken.
- Mit der zweiten Ausatmung lassen Sie Verspannungen am und im Kopf – vor allem um Ohren, Augen und Mund – los. Sie bemerken, dass sich damit die Haut am Schädel und um Ohren und Augen entspannt, und sich vielleicht sogar ihr Mund leicht öffnet, weil der Unterkiefer mit der Entspannung etwas herabfällt.

- Mit der dritten Ausatmung lösen Sie Verkrampfungen im Brustraum. Damit ist eine unwillkürliche Öffnung des Brustraums im körperlichen und im metaphysischen Sinn verbunden.

Wo bin ich?

- Halten Sie nun einfach 1 bis 2 Minuten stille, ohne etwas zu wollen, ohne an irgendetwas Spezielles zu denken, ohne Ihren Atem zu beobachten.
- Dann lenken Sie Ihre Aufmerksamkeit auf die Frage »Wo bin ich?«. Nacheinander spüren Sie einfach mit dieser Frage im Bewusstsein in die genannten Räume hinein und erfühlen, welche Energien Sie dort vorfinden, wenn Sie mit der Frage »Wo bin ich?« in diese Zonen hineingehen.
- »Wo bin ich? Bin ich in meinen Füßen?«
- »Wo bin ich? Bin ich in meinem Becken?«
- »Wo bin ich? Bin ich im Bauchraum?«
- »Wo bin ich? Bin ich im Brustraum?«
- »Wo bin ich? Bin ich im Herzraum?«
- »Wo bin ich? Bin ich im Kopf?«
- »Wo bin ich? Bin ich hinter den Augen?«
- »Wo bin ich? Bin ich unter der Schädeldecke?«
- »Wo bin ich? Bin ich über dem Kopf?«
- »Wo bin ich? Bin ich irgendwo außerhalb des Körpers?«

Ausklang

- Was empfinden Sie? Gibt es einen Raum, in dem Sie sich besonders vertraut fühlen? Spüren Sie, dass Sie sich in mehr als einem Raum zuhause fühlen? Gibt es einen Raum, in dem Sie sich weniger wohl als in den anderen fühlen?
- Haben Sie Empfindungen gehabt, als ob Sie schweben, als ob Sie außerhalb des Körpers in andere Ebenen eintreten, als ob Sie in neue Dimensionen geraten?
- Haben Sie sich dabei sicher oder ungewohnt oder eher etwas ängstlich gefühlt?

- Hat sich Ihre Bewusstheit verändert, ausgeweitet, entgrenzt?
- Atmen Sie zum Abschluss der Übung dreimal ruhig und betont tief ein, und erinnern Sie sich, an welchem Platz sich Ihr Körper befindet, welche Tageszeit herrscht, welcher Teil des Alltags auf Ihr Tagesbewusstsein wartet.

Sie können sich die oben genannte Übung einprägen, und sie dann Schritt für Schritt durchführen. Besser noch bitten Sie einen Freund, sie ihnen vorzulesen oder Sie hören die auf der CD gesprochene Version. Sie können Teile der Übung auch abändern, umstellen oder auslassen und sie so Ihren eigenen Bedürfnissen und Wünschen anpassen. Diese »Wo bin ich?«-Meditationsübung wird Ihnen auf jeden Fall erste unmittelbare Meditationserlebnisse eröffnen. Wahrscheinlich werden Sie auf Fragen von Freunden, was Sie denn erlebt haben, noch gar nicht viel verbal und rational benennen können und dennoch innerlich »wissen«, dass Sie transzendente Bewusstseinserfahrungen erleben durften, die Sie jenseits des normalen Tagesbewusstseins und über das übliche Körperbewusstsein hinaus getragen haben.

An dieser Stelle möchte ich Ihnen gern einen Hinweis auf zwei mehr körperlich ausgerichtete Erfahrungswege geben. Aus der Arbeit mit Divo Koeppen-Weber, der Begründerin der Alta Major-Methode, habe ich schätzen gelernt, zur Einheit von geistiger und körperlicher Aufrichtigkeit und zur innen und außen natürlich aufrechten Haltung zu gelangen. Bei der Alta Major-Körpermeditation geht es im wesentlichen darum, sich zunächst ein inneres Bild davon zu machen wer man ist und wie man in der Welt auftreten möchte. Der nächste Schritt besteht darin, eine solche Körperhaltung von innen heraus anzunehmen, ohne äußere Manipulationen, chiropraktische Handgriffe oder Ähnliches, wie sie der eigenen idealen Vision am ehesten entspricht. Dadurch kommt es im Rückgrat zu einer natürlichen Aufrichtung und Stärkung bei gleichzeitiger Erdung des Körpers über die Füße, der Brustraum öffnet und weitet sich, die Halswirbelsäule wird nach oben leicht gedehnt und der Kopf gelangt in seine ursprüngliche Haltung zurück, bei der die Augen nach vorn und nicht nach oben schauen, und der obere und hintere Teil des Kopfes wird leicht himmelwärts gestreckt.

Übung Äußere Aufrichtung und innere Aufrichtigkeit (5 Minuten)

Im Stehen oder Sitzen, mit geschlossenen oder offenen Augen:

- Spüren Sie in Ihre Körperhaltung hinein.
- Drückt sie aus, wer Sie wirklich sind?
- Stehen oder sitzen Sie als Seele, als freier Mensch, als kreatives Geschöpf, als liebevolles Herz, als friedvolles und klares Bewusstsein, als Kind Gottes? Wenn nicht, dann verändern Sie Ihre Haltung an Rumpf, Wirbelsäule, Schultern, Hals, Kopf und so fort entsprechend.
  (Nach Divo Koeppen-Weber)

Von Margo Anand Naslednikov liegen im Buch »Tantra – Die Kunst der Ekstase« Übungsanleitungen vor, die zum Erleben führen, wie man geistige Vereinigung, gefühlhafte Erotik und körperliche Sexualität miteinander verbinden kann. Beide Wege stellen keine Meditationsmethoden im klassischen Sinn dar, sind aber sehr hilfreich, um sich über psychosomatische Bewusstseinsaspekte klarer zu werden und um in bestimmten Sinnesfeldern wertvolle Erfahrungen zu gewinnen.

11. Am Anfang war das Wort: Stimm-, Ton- und Klangmeditationen

Was war am Anfang? Die Bibel nennt es das Wort, andere Religionen nennen es den leuchtenden Klang oder das tönende Licht. Pythagoras bezeichnete diese Urkraft als Musik der Sphären, Madame Blavatsky wählte den Begriff Stimme der Stille. Man findet in den mystischen Traditionen der Erde zahlreiche weitere Begriffe dafür. Sant Kirpal Singh, ein großer Meister aus Indien, gibt einen Überblick darüber in seinem Buch »Die Krone des Lebens«. Zu beidem, zum Klang und zum Licht, auch zu Farben, schlage ich Ihnen in den nächsten Abschnitten Übungen vor, damit Sie Ihre bewusste Wahrnehmungsfähigkeit dieser Ausdrucksformen der schöpferischen Urkraft weiter entwickeln. Eine erste Übung stellte ja die Einstimmung auf den verklingenden Ton eines Glases oder einer Zimbel im Abschnitt »Aufmerksamkeit lenken lernen« dar.

Übungen zur Kraft des Klangs (je 3 Minuten)

Summen, den eigenen Namen singen, OM tönen

Sinn der Übungen ist, dass Sie – auch und gerade, wenn Sie meinen, unmusikalisch zu sein und nicht singen zu können – sich mit Ihrer eigenen Stimme anfreunden, dass Sie auf Tonschwingungen sensibler achten lernen, dass Sie Klang als Brücke zu anderen Bewusstseinsebenen kennen lernen. Die Übungen können zwar im Liegen oder Sitzen durchgeführt werden, ich empfehle Ihnen aber, lieber zu stehen.

Einstimmung

- Stellen Sie sich aufrecht und »stolz«, aber gleichzeitig gelassen-entspannt hin. (Wir Zweibeiner unterscheiden uns von unseren Brüdern und Schwestern in Tiergestalt ja auch vor allem dadurch, dass wir den Kopf nicht zur Nahrungssuche oder zu Angriff oder Verteidigung zur Erde herabsenken, sondern den Kopf quasi als Verbindung zwischen irdischer Materie und kosmischem Geist gen Himmel recken.) Die Füße stehen leicht auseinander, die Schultern sind gelockert.
- Sie atmen in der Vollatmung und ruhen vom Schwerpunkt her im Unterbauch, etwa zwei Finger breit unter dem Bauchnabel (im sogenannten Hara oder der »Erdmitte«).

Summen

- Schließen Sie die Augen. Als erstes summen Sie. Fangen Sie in einer beliebigen Tonhöhe an zu summen. Sie können die Hände ineinandergelegt locker vor dem Bauch halten.
- Atmen Sie natürlich und ruhig, so wie es Ihrem eigenen Rhythmus entspricht, und ohne sich groß um die Atmung zu kümmern.
- Verändern Sie nun die Tonlage des Summens – sowohl nach oben wie nach unten. Beachten Sie währenddessen, ob es bestimmte Tonschwingungen gibt, die Ihnen angenehmer sind als andere?
- Kehren Sie zu jener Summhöhe zurück, die Ihnen am liebsten ist.
- Versuchen Sie nun, den Impuls zum Summen nacheinander aus dem Bauchraum, aus dem Brustraum und aus dem Nasenraum ertönen zu lassen. … Erst aus dem Bauchraum – halten Sie Ihre Hände mit den Handflächen locker auf den Bauch … dann aus dem Brustraum – jetzt spüren Sie mit den Handflächen Ihren Brustkorb … und schließlich aus dem Nasenraum, wobei Sie Ihre Hände locker an die Wangenknochen legen und so die Schwingungen direkt mitfühlen …
- Hat sich die Tonlage des Summens verändert, während Sie den Impuls zu lenken versucht haben? Hat Ihr Bewusstsein besondere Bilder, Gedanken oder Gefühle wahrgenommen?

- Wenn Sie das Bedürfnis dazu spüren, können Sie sich jetzt ein bisschen ausschütteln, bevor wir zum nächsten Teil der Übung kommen.

Den eigenen Namen singen

- Öffnen Sie die Augen und beginnen Sie, klar vernehmlich Ihren Vornamen zu singen (entweder den jetzt benutzten, oder den ursprünglich von den Eltern verliehenen). Genieren Sie sich nicht, singen Sie – nach beliebigen Harmonien – deutlich Ihren eigenen Vornamen. Schauen Sie auf die Uhr: singen Sie mindestens 2 Minuten lang!
- Singen Sie weiter und stellen Sie fest, ob sich Ihr Selbstwertgefühl verändert, ob Sie sich am Anfang unbehaglich und jetzt vielleicht schon wohler fühlen?
- Singen Sie weiter Ihren Vornamen und nehmen Sie bewusst die darin enthaltenen Wohlklänge wahr, gerade dann, wenn Sie glauben, eigentlich unzufrieden mit Ihrem Namen zu sein.
- Wenn Sie mögen, schütteln Sie sich wieder aus, um etwaige Verkrampfungen zu lockern. Dann stellen Sie sich wieder in die Ausgangshaltung und schließen die Augen.

Om tönen

- Nun singen Sie in einer Ihnen angenehmen Tonlage die uralte kraftgeladene Silbe »OM« oder »AUM«. Differenzieren Sie dabei bewusst zwischen »Ooooooo« oder »Auauauauau«, diesem klaren, tiefen und runden Laut, und dem Summlaut »mmmmmmm«, in dem das OM lange weich ausklingt und vibriert.
- Wenn Sie auf bestimmte Weise mit Ihrem Mund eine runde Höhle bilden und mit Kiefern und Lippen experimentieren, hören und spüren Sie mitunter Nach- und Zwischenklänge zur ersten Silbe, die Obertönen ähnlich sind oder gleichkommen.
- Spielen Sie mit diesen Klangveränderungen. Erspüren Sie, ob und welche Assoziationen mit verschiedenen Tönen verbunden sind, die Sie selbst jetzt erzeugen.

- Beenden Sie diese Klang- und Stimmübungen, indem Sie nun eine Minute lang das OM singen und dabei Ihre Arme leicht aufwärts geschwungen nach oben strecken, als ob Sie eine große runde Scheibe mit beiden Armen gerade halten könnten. Die Handflächen sind dabei zum Himmel hin geöffnet.
- Wie ist Ihr bewusstes Sein jetzt im Vergleich zum Beginn der Übung? Haben Sie neue Bewusstseinserfahrungen machen dürfen? Fühlen Sie sich jetzt weniger oder mehr in Verbindung mit vielleicht noch undefinierbaren Lebenskräften? Haben Sie gespürt, dass die Kraft der Klänge sich auch in Ihnen wohltuend und bewusstseinserweiternd entfalten können?
- Atmen Sie dreimal betont und ruhig ein und aus und öffnen Sie wieder die Augen. Kehren Sie wach in Ihre Umgebung und Ihren Alltag zurück. Nehmen Sie Freude, Dankbarkeit und frische Energien bewusst aus der Übung in Ihren Tag mit hinein.

Sie können auch selbst Übungen kreieren, indem Sie Tierlaute nachahmen und sich in das entsprechende Bewusstsein einzulassen versuchen. Oder Sie schließen die Augen und machen eine akustische Visualisationsübung. Dabei stellen Sie sich vor, Himmelsmusik zu hören und nehmen innerlich ohne jede Bewertung wahr, welche Klänge, Gefühle oder Bilder sich einstellen. Vielleicht fühlen Sie einen Impuls, selbst Engelsmusik zu spielen oder zu singen oder zu summen. Fassen Sie sich ein Herz und probieren Sie es aus!

Meditative Musik und der kosmische Tanz

Es gibt zahllose Meditationsmusiken, sowohl aus der klassischen als aus der sogenannten New Age-Musik. Für viele Menschen stellt Musik eine einzigartige Bewusstseinsbrücke von der materiellen zu den geistigen Welten dar. Töne, Klänge – was sind sie anderes, als bewegte Luft? Wir sehen die Schallwellen nicht, wir können sie nicht greifen, sie bestehen auch immer nur für kurze Zeit – und doch vermögen sie unser Herz anzurühren. Musik lässt uns weinen oder lachen, tanzen oder einschlafen, stimmt uns fröhlich oder besinnlich. Die Wirkung von Musik ist ein eindrucksvoller Beweis dafür, wie etwas sehr Feines, Subtiles und Ätherisches nachhaltige Wirkungen entfalten kann.

Im Sufitum finden wir die Verbindung von Klang und Bewegung in unnachahmlicher Weise im berühmten Drehtanz vereint. Vielleicht finden Sie einmal Gelegenheit, ab Mitte Dezember in Konya in der Türkei an den Zeremonien nach den Riten des Mevlana-Ordens teilzunehmen – ein unvergessliches Erlebnis. Einen gewissen Vorgeschmack vermitteln bestimmte Kurse des Sufimeisters Pir Vilayat Khan und seines Nachfolgers, die ab und zu in der Schweiz und in Deutschland sind.

Übrigens kann es ganz interessant sein, die jeweils für einen selbst angenehme Drehrichtung herauszufinden. Man sagt, dass die Drehung nach rechts, also im Uhrzeigersinn, zu einer Abstrahlung von Energien führe, und damit zu einem Schutz vor Fremdbeeinflussung. Wenn man sich nach links, also gegen den Uhrzeigersinn dreht, öffne sich der Mensch für innere bzw. kosmische Energien von oben. Für mich trifft das zwar so zu; es muss aber für andere nicht stimmen. Manchen Menschen wird beim Drehen links herum sehr schnell schwindlig, was allerdings daran liegen kann, dass sie ohnehin sehr medial und offen für feinere Energien sind und somit noch mehr über das normale Körpergefühl herausgezogen werden.

Inzwischen sind auch Vertreter der modernen Naturwissenschaften dazu übergegangen, die Verhältnisse zwischen Energie und Materie, zwischen immateriellen Impulsen und messbaren Ausdrucksformen, in der Sprache von Musik und Tanz zu beschreiben. Da heißt es, dass alle Materie eine Form sei, die auf der subatomaren Ebene einem wohl choreographierten musikalisch-harmonischen Tanz gleicht.

12. Am Anfang war das Licht: Chakra und Aurameditationen

Licht und Ton sind zwei Aspekte ein und derselben Kraft. Es fällt uns, solange wir noch nicht völlig offen für feinste Bewusstseinsenergien sind, leichter, diese beiden Schwingungen zunächst getrennt voneinander wahrzunehmen. Es gibt eine Vielzahl an Vorschlägen für Licht- und Farbmeditationen. Zwei wirksame Meditationsanleitungen möchte ich Ihnen hier vorstellen. Sie beziehen sich auf die Erfahrung der wichtigen Kraftzentren oder »Chakras« im Körper und auf das Erleben des Energiefeldes um jeden Menschen, der »Aura«.

Chakras und Aura sind Teil des unsichtbaren, aber fühlbaren Energiekörpers. So, wie Gefühle und Gedanken für unser Leben wirksam sein können, obwohl sie unsichtbar sind, ist auch der Energiekörper bedeutsam, weil in ihm körperliche, chemische, biologische und physikalische Kräfte (auch Erdstrahlen und elektromagnetische Felder) mit emotionalen, mentalen, seelischen, medialen und spirituellen Energien zusammentreffen. Wenn wir zumindest einige Aspekte dieses Energiekörpers sinnlich erfassen und kennen lernen, hilft uns das, unser bewusstes Sein wieder mehr als etwas zu begreifen, was nicht nur auf die uns bekannten körperlichen Dimensionen beschränkt bleiben muss.

Chakras

Als Chakras bezeichnet man unsichtbare Kraftzentren im Menschen, die im Zusammenhang mit unserem Drüsensystem stehen, und über psychosomatische Vorgänge angeregt oder blockiert, irritiert oder harmonisiert werden. Als wichtigste Chakras gelten:

- Das Wurzel- oder Basiszentrum, das im Energiekörper am Ende der Wirbelsäule, am Steißbein, angesiedelt ist. Es wirkt auf den grundlegenden Lebenswillen.
- Das Sakral- oder Sexualchakra liegt darüber, in Höhe der Geschlechtsorgane. Es reguliert die schöpferischen, nach außen gehenden Kräfte, nicht nur die sexuellen!
- Das Nabel- oder Solar Plexus-Chakra fungiert als Ausdrucksfeld für das Ego, für unsere ichhaften Wünsche, Bedürfnisse, Persönlichkeitszüge.
- Das Herzchakra steht in Verbindung zu überpersönlichen Gefühlen, wie Liebe und Religion.
- Das Kehlkopfchakra hat mit der Fähigkeit zu tun, sich auszudrücken.
- Das Augenbrauen- oder Stirnchakra gilt manchmal als »Sitz der Seele«; von dort aus kann man in bestimmten Meditationsformen das Körperbewusstsein überschreiten. (»Sitz der Seele« ist für die Meditation am sogenannten Dritten Auge eine hilfreiche Beschreibung; einen physikalischen Ort, an dem und nur an dem die Seele wäre, gibt es jedoch nicht.)
- Der Bereich des Scheitelzentrums ist kein echtes Chakra im Sinne einer spezifischen Funktion. Lichterlebnisse dort erfolgen als Widerspiegelung des Lichtes aus astralen, jenseitigen Regionen hinab in die Wahrnehmung und Erfahrbarkeit im Körper.

Mehr über die Chakras und diese manchen Lesern vielleicht neue Einordnung (wonach der »tausendblättrige Lotus« eben kein Funktionschakra, sondern eine Bewusstseinsebene darstellt) im III. Hauptteil im Abschnitt »Das Sechste Chakra«. Nun zu sechs Chakraübungen, die alle dem gleichen Aufbau folgen.

Chakrammeditation (15 – 20 Minuten)

Der Sinn dieser Übungen besteht darin zu spüren, dass es in unserem Energiekörper Verdichtungszonen gibt, durch welche unser Bewusstsein harmonisierend, stimulierend oder beruhigend wirken kann. Wir stellen fest, dass es subtile Energieprozesse gibt, die zwischen diesen Verdichtungszonen im Energiekörper und unserem physischen Körper ablaufen. Darüber hinaus vertiefen wir bereits zuvor erlangte Erfahrungen, dass Aufmerksamkeit willentlich gelenkt werden kann und dass wir unser bewusstes Sein (fast) beliebig verlagern können.

Sie führen die Übung im Sitzen oder im Liegen durch. Wenn Sie müde sind und sich aktivieren wollen, können Sie liegen. Wenn Sie relativ wach sind, und bewusstseinserweiternde Erfahrungen anstreben, sitzen Sie besser.

Einstimmung

- Lassen Sie Ihren Körper entspannt und aufmerksam zugleich zur Ruhe kommen. Gönnen Sie sich am Beginn der Übungsfolge 1 bis 2 Minuten Pause, Stille, Frieden …
- Wenden Sie Ihre Aufmerksamkeit nun nacheinander auf die körperlichen Entsprechungszonen für die Chakras.

Wurzelchakra

- Spüren Sie hinein in und um den Bereich des Steißbeins, also unterhalb des Sitzfleisches. Was sehen oder hören oder fühlen Sie dort? Dunkelheit … Licht … Kribbeln … etwas anderes … ?
- Stellen Sie sich dann vor, dass in dieser Zone eine dunkelrote glimmende angenehm wärmende Glut neue Kraft und tiefes Vertrauen in Ihr Leben vermittelt …
- Verändert sich Ihr Gefühl in dieser Zone? Wenn ja, wie?

Beckenchakra

- Spüren Sie jetzt in den Beckenbereich. Was sehen oder hören oder fühlen Sie dort? Dunkelheit … Licht … Kribbeln … etwas anderes … ?

– Stellen Sie sich vor, dass in dieser Zone eine orangerote Sonne aufgeht, die Ihre schöpferischen Fähigkeiten anregt …
– Verändert sich Ihr Gefühl in dieser Zone? Wenn ja, wie?

Nabelchakra
– Spüren Sie danach in den Bauch, im Bereich des Solar Plexus. Was sehen oder hören oder fühlen Sie dort? Dunkelheit … Licht … Kribbeln … etwas anderes … ?
– Stellen Sie sich nun vor, dass diese Zone eine grüne Wiese ist, ein leuchtendes Grün, das Gefühle beruhigt, harmonisiert …
– Verändert sich Ihr Gefühl in dieser Zone? Wenn ja, wie?

Herzchakra
– Richten Sie Ihre Aufmerksamkeit nun in den Bereich des Brustraums, nicht auf das physische Herz, sondern in die Mitte, um das Brustbein herum. Was sehen oder hören oder fühlen Sie dort? Dunkelheit … Licht … Kribbeln … etwas anderes … ?
– Stellen Sie sich vor, dass in dieser Zone eine goldene Sonne aufgeht und Ihren Brustraum durchstrahlt, nach innen und außen zugleich. Diese Sonne sendet Schwingungen der Liebe …
– Verändert sich Ihr Gefühl in dieser Zone? Wenn ja, wie?

Halschakra
– Spüren Sie dann hinein in den Bereich des Halses und den Kehlkopf. sehen oder hören oder fühlen Sie dort? Dunkelheit… Licht … Kribbeln … etwas anderes … ?
– Stellen Sie sich nun vor, dass dort ein türkisblauer Edelstein funkelt, der mit seinen Strahlen in dieser Zone eine wunderbare Klarheit der Gedanken vermittelt …
– Verändert sich Ihr Gefühl in dieser Zone? Wenn ja, wie?

Stirnchakra
– Spüren Sie danach in den Bereich hinter der Stirn, zum sogenannten dritten Auge. Was sehen oder hören oder fühlen Sie dort? Dunkelheit … Licht … Kribbeln … etwas anderes … ?

– Blicken Sie mit geschlossenen Augen in die Mitte dessen, was VOR und zwischen den Augenbrauen ist. Vielleicht hilft Ihnen die Vorstellung, dass Sie in einen funkelnd besternten dunkelblauen Nachthimmel schauen …
– Verändert sich Ihre innere Wahrnehmung, weitet sich Ihr innerer Blick? Sehen Sie Blitze, Lichtringe, oder andere Lichterscheinungen?

Über den Kopf nach oben spüren

– Richten Sie nun Ihr Bewusstsein nach OBEN, auf die Mitte des Kopfes oder über den Kopf. Was sehen oder hören oder fühlen Sie dort? Dunkelheit … Licht … etwas anderes ?
– Öffnen Sie sich für ein strahlendes weißes Licht, das über Ihren Kopf in Sie hinein und durch Sie hindurch flutet.
– Verändert sich Ihre Befindlichkeit? Sind Sie derselbe Mensch wie zu Beginn der Übung? Oder hat sich irgendetwas verändert? Hat sich Ihr bewusstes Sein verändert … ?

Ausklang

– Beenden Sie die Übung mit einem dreimaligen vertieften Einatmen, während Sie sich wieder dem Ort Ihres Körpers zuwenden und der Umwelt, in der Sie sich befinden. Atmen Sie lieber ein paar Mal mehr und tiefer durch, um wieder ganz im Hier und Jetzt zu sein!

Die Aura

LeserInnen, die mit der Existenz der Aura noch keine eigenen praktischen Erfahrungen gemacht haben, bitte ich, eine kleine Vorübung zu machen. Setzen oder stellen Sie sich bequem hin. Halten Sie Ihre beiden Hände mit den Handflächen zueinander im Abstand von ca. 10 Zentimeter vor Brust oder Bauch, die Arme dabei leicht nach vorn gestreckt. Spüren Sie Wärme, Kribbeln, Ziehen, Elektrisieren?

Bewegen Sie Ihre Hände leicht und rhythmisch aufeinander zu und voneinander fort. Lassen Sie Ihre Hände dann wie zueinander kreisen – immer in einem gewissen Abstand voneinander, so dass sich die Hände nicht berühren. Fahren Sie danach mit den Fingerspitzen der einen Hand auf und ab dicht gegenüber den Fingerspitzen der anderen Hand. Die meisten Menschen spüren ein deutliches Kribbeln oder Ziehen dabei.

Mit dieser Übung »begreifen« wir eine Schicht der Aura, nämlich das elektromagnetische Feld des Körpers. Man unterscheidet eine ganze Reihe weiterer Auraschichten. Manche Menschen, wie die verstorbene Lea Sanders oder Ingrid Kraaz, sehen Licht und Farben um Menschen herum. Andere, wie Chris Griscom, spüren eher das Energiefeld. Dr. Dietrich Luedtke misst eine nur noch wenige Millimeter dicke körperliche Schutzaura, während andere eine emotionale oder mentale Aura von 10 bis 20 Zentimetern feststellen.

Sie kennen sicher auch das Gefühl, dass es Ihnen bei manchen Menschen angenehm ist, auf »Tuchfühlung« zu kommen, während Sie bei anderen am liebsten einen »Sicherheitsabstand« von einem halben Meter aufrecht erhalten. Auch das ist ein Hinweis auf die Aura – nämlich darauf, ob ihre Energien miteinander harmonieren oder nicht – und ihre individuelle Funktion als Abstandsweiser.

Manche LeserInnen werden vermutlich auch schon Erfahrungen gemacht haben, wie ich sie kenne: ich gehe irgendwo entlang und sehe einen Menschen (oder ein Tier), der offensichtlich krank ist oder leidet. Sei es, dass jemand humpelt, einen Arm im Gips trägt, oder Schicksalsleid ausstrahlt. Mich durchzuckt es immer wieder mal in solchen Situationen wie von einem Blitz – aber meist nicht innerhalb des Körpers, sondern außerhalb! Entweder von der Höhe des Steißbeins an abwärts oder von den Knien an abwärts erlebe ich einen »Stromstoß« im Energiekörper – völlig gleich, ob ich den betreffenden Menschen voller »Mitleid« oder ganz neutral oder auch desinteressiert wahrgenommen habe. Ich hatte solche Erlebnisse von Kindesbeinen an: Sie legten mir schon damals nahe, dass es offensichtlich so etwas wie einen »zweiten« Körper um den physischen Körper »herum« geben musste. Nun zur Aurameditation.

Aurameditation (5 – 10 Minuten)

Der Sinn der Übung ist, dass Sie sensibel werden für die Ihnen entsprechende Form der Wahrnehmung des feinen Energiekörpers um den Menschen.

Am besten machen Sie diese Übung die ersten paar Male im Liegen, um sich wirklich damit vertraut zu machen. Danach wird die Übung Ihnen auch im Sitzen, Stehen oder Gehen ganz leicht fallen. Vielleicht führen Sie die Übung später auch in der Sonne stehend durch, auf einem Berg oder in einer Wiese, unter einem Baum oder am Wasser.

Einstimmung

- Lockern Sie zu enge Kleidung, Schließen Sie die Augen.
- Halten Sie Ihre Hände im Abstand von etwa 5 bis 10 Zentimetern über Ihrem Bauch, so, dass sich die Hände nicht berühren und die Handflächen zum Körper zeigen.
- »Ertasten« Sie nun den Abstand, in dem Sie einen deutlichen »Widerstand« von der Körperausstrahlung her gegen Ihre Handflächen spüren.
- Fahren Sie mit den Händen weiter nach oben, so dass Sie über Ihrem Brustraum ebenfalls ertasten, wo der Abstand der Körperausstrahlung sich dort befindet.
- Am Schluss gehen Sie weiter über Ihr Gesicht und Ihren Kopf, um auch hier zu erfühlen, in welcher Entfernung über der Haut Sie ein Kribbeln oder eine Wärme empfinden, die wirkt, als ob die Handflächen ab da wie magnetisch »abgestoßen« werden.
- Nun legen Sie Ihre Hände bequem seitlich an den Körper und atmen dreimal tief und ruhig aus. Danach lassen Sie Ihre Atmung ganz im eigenen natürlichen Rhythmus weiterfließen.

Licht spüren oder sehen

- Stellen Sie sich jetzt vor, dass Sie von einem klaren silbrigen oder goldenen Licht erfüllt werden, dass aus ALLEN Zellen Ihres Körpers beginnt auszustrahlen ...
- Spüren Sie, wie Ihr Körper heller wird ... leichter ... energiereicher ...
- Sie beobachten, wie diese Energie Sie in wohltuender Weise ganz erfüllt ... und wie diese Energie aus allen Poren als harmonische, positive Ausstrahlung auch über die Begrenzung der Haut den Raum um den Körper herum durchstrahlt ... und dann Ihren gesamten Energiekörper erhellt, auflädt, leuchten lässt ...
- Manche Menschen sehen mit den inneren Augen, manche sogar mit den physischen Augen dabei einen Lichtschimmer um den Körper. Andere spüren mehr die Schwingungen. Öffnen Sie sich hellwach, sensibel und ohne jede Erwartung für Ihre eigene Wahrnehmungsweise. ... Wie fühlen Sie sich jetzt?
- Nehmen Sie jetzt wieder behutsam Ihre Hände mit den Handflächen nach unten und streichen Sie sanft in einem gewissen Abstand vom Bauch aus über den Brustraum zu Ihrem Gesicht und über den Kopf. Ist der Abstand, in dem Sie einen »Widerstand« spüren, gleich geblieben oder größer geworden? ... Fühlt sich die Ausstrahlung Ihres Körpers gleich oder anders an? ... Weiter? Klarer? Heller? Leichter? Energiegeladener? ...
- Speichern Sie ganz bewusst die »Er-Innerung« an diese Erfahrung in jeder Körperzelle. So wissen Sie, wie Sie sich zu gegebener Zeit immer wieder von Neuem von Innen her selbst »aufladen« können.

Ausklang

- Beenden Sie die Übung langsam, in dem Sie einige Male vertieft einatmen und ganz bewusst in den Körper zurückkommen.
- Stellen Sie sich wieder ganz auf den jeweiligen Tagesabschnitt und Ihre Umweltsituation ein.

Duft und Meditation

Mit in den Bereich der feinen Übergänge zwischen Materie und Geist gehören harmonische, beruhigende, klärende, anregende, inspirierende Düfte. Der Aromatherapeut und Autor Erich Keller war so freundlich, für dieses Buch einige wichtige Hinweise zu den Eigenschaften und Wirkungen bestimmter Duftöle mitzuteilen.

- Amber: Vater der Düfte, Ruhe in der Meditation
- Blaue Kamille: Öffnung für kosmische Energien
- Iris: Seelenkontakt
- Myrte: Klarheit und Reinheit
- Myrrhe: Frieden und Wärme
- Rose: Mutter der Düfte, Liebe und Mitgefühl
- Sandelholz: Wurzel und Flügel, Sexualität und Bewusstsein
- Wacholder: Klarheit und Wachheit
- Weihrauch: Bewusstseinserweiterung und Friede

Sie benutzen Duftöle zur Unterstützung harmonischer und meditativer Stimmungen am besten in einer sparsamen Aromalampe. Es gibt übrigens auch ätherische Düfte, die wir in der Meditation wahrnehmen, die nicht von dieser Welt sind. Möglicherweise haben Sie, wenn Sie bereits einige Zeit meditieren, auch die Erfahrung gemacht, dass Sie sich mit einem Male von einem unergründlichen lieblichen Duft umfächelt fühlen. Vielleicht haben Sie dann Ihre Augen geöffnet, sich erstaunt umgeschaut und genauso, wie es mir häufiger passiert, feststellen müssen, dass weder ein Räucherstäbchen glimmt noch ein Aromalämpchen brennt, und auch die Fenster dicht geschlossen sind.

In Indien ist es eine wohl bekannte Meditationserscheinung, dass sich als Vorboten für oder Merkmale von höheren Dimensionen charakteristische Wohlgerüche vermeintlich aus dem Nichts ausbreiten. Über den Heiligen Pater Pio haben sehr viele Menschen berichtet, dass von ihm Veilchenduft ausging. Diesen Duft nahmen sogar Pilger wahr, die im Zug auf der Reise zu ihm saßen, obwohl sie ihn noch gar nicht gesehen hatten und er natürlich auch nicht im Zug anwesend war.

1975, am Anfang meiner Meditationserfahrungen, hatte ich selber mehrfach die Wahrnehmung von Jasminduft und ähnlichen Wohlgerüchen – und das, obwohl ich nie Räucherstäbchen verwendete. Um mich nicht durch vielleicht von außen kommende Düfte täuschen zu lassen, legte ich damals Decken und Handtücher vor Fenster und Türen. Die Wohlgerüche blieben.

13. Christliche Meditationen und das Herzensgebet

»Kontemplation, das heißt die innere Sammlung zur Vereinigung mit Gott, ist weder bloße Tätigkeit des Menschen, noch ein nur vorübergehender Zustand. Soweit sie es vermag, sein ganzes Wesen zu durchdringen, ist sie ein Weg zum ewigen Leben und zur seinsmäßigen Erkenntnis Gottes (Joh. 17,3). Diese zu erlangen, ist die eigentliche Berufung des Menschen – die Sinnerfüllung seines Daseins.« Ein Zitat aus »Die Meditation des Herzensgebets«, einem christlichen Weg der Meditation.

Natürlich ist auch den christlichen Mystikern, also den Praktikern der Religion, der Rückverbindung, die sich nicht um dogmatisch-theologische Belange geschert haben – von den Essenern und frühen Gnostikern über die MystikerInnen des Mittelalters bis zum Heiligen Pater Pio und zahlreichen unbekannten Nonnen, Mönchen und Laien – Kontemplation, Meditation und die »unio mystica«, die heilige Einheitserfahrung zwischen Mensch, Schöpfung und Gott, nichts Fremdes geblieben. Die beide leider bereits hinüber gegangenen Enomiya Lassalle und Willi Massa waren Beispiele dafür. Auch Anneliese Harf hielt regelmäßige regelrechte Meditationskurse für Ordensleute.

Drei christliche Meditationsworte

Eine wirksame Methode des christlichen Herzensgebets besteht darin, eines der folgenden Worte wie ein Mantra zu wiederholen. Dabei geht es nicht um eine mechanische Wiederholung – obwohl auch die, wie wir aus Litaneien wissen, ihre Wirkung entfalten kann –, sondern um eine mit ganzer Aufmerksamkeit, mit Herz und Seele gedachte und erfühlte Zuwendung zum Inhalt des Wortes.

- Herz Jesu, ich vertraue auf Dich
- Herz Mariens, ich vertraue auf Dich
- Jesus Christus, Sohn Gottes: erbarme Dich meiner.

Die Wirksamkeit von Meditationen mit Worten liegt in deren Einfachheit und ihrer häufigen Wiederholung. Je kraftgeladener solche Worte sind, desto wirksamer. Sie können aufgeladen werden durch die Kraft, mit der Heilige solche Silben »laden«; aber auch Jahrhunderte oder Jahrtausende alte Übung solcher Worte lädt sie in gewisser Hinsicht auf.

Aus dem Buddhismus ist zum Beispiel »Om mani padme hum« auf diese doppelte Weise geladen – durch den Segen Buddhas und durch den Gebrauch dieses Mantras von Millionen von Menschen durch ein ganzes Zeitalter.

In ähnlicher Weise sind auch christliche Herzensgebete voller Kraft. Sie sind gesegnet durch den Geist Christi, werden verstärkt durch den liebevollen und dankbaren Gebrauch durch Hunderttausende Gläubiger, und wir selbst können diese Herzensgebete und uns selbst heiligen = heilen durch unsere innige Hingebung an Schwingung und Sinn dieser kontemplativen inneren Bitten.

Übrigens wird in alten Manualen empfohlen, diese Herzensgebete an den Rhythmus des Atems zu koppeln. In anderen heißt es, dass man sich vom Kopf ins (physische) Herz zurückziehen solle. Sicher ist, dass auch diese Form der Meditation erhebend und durchgeistigend wirken kann. Wie über eine fromme Begeisterung und gefühlhaft-religiöse Stimmung hinaus christliche kontemplative Einsichten lauten, haben Meister Eckehart und Angelus Silesius in höchster Vollendung auf eine Weise formuliert, die mir auch heute noch gültig und höchst zeitgemäß erscheint. Als Anregung für Ihre Meditationen über geistige Geschenke aus der christlichen Mystik möchte ich einige Aussprüche zitieren.

Gedanken zur Kontemplation

Die folgenden Worte von Meister Eckehart machen deutlich, warum die Stellung verwirklichter Menschen, sogenannter Heiliger und Meister, so herausgehoben ist. Sie sind eins mit Gott geworden, sie wissen und erfahren sich als eins, und ohne sie kann Gott allein – seinem/ihrem Wesen nach unsichtbar, ungreifbar, unvorstellbar, unsagbar – auf der Erde nichts wirken.

»Alles was der göttlichen Natur eigen ist, das ist auch ganz dem gerechten und göttlichen Menschen eigen. Darum wirkt solch ein Mensch auch alles, was Gott wirkt: Er hat zusammen mit Gott Himmel und Erde geschaffen; er ist Zeuger des ewigen Wortes und Gott wüsste ohne einen solchen Menschen nichts zu tun.«

»Alles, was Gott Vater seinem eingeborenen Sohn in der menschlichen Natur gegeben hat, das hat er völlig auch mir gegeben. Hiervon nehme ich nichts aus, weder die Einung noch die Heiligkeit; sondern er hat mir alles ebenso gegeben wie Ihm.«

»Es sei denn, dass Christus in mir geboren wird, so wäre es, als ob er nie geboren wäre.«

Kein Wunder, dass es der offiziellen Kirche bei solchen Redensarten und Überzeugungen, »schlimmer noch« bei solchen offensichtlich auch erlebten Einheitserfahrungen »zu bunt« wurde und die Bulle von 1329 diese und andere Sätze Meister Eckeharts verurteilte.

Der Auftrag zur wahren Religion, zur Re-ligio als persönlicher Rück-Verbindung des menschlichen Bewusstseins mit seinem göttlichen Ursprung, zum unmittelbaren Erlebnis der völligen Einheit von Schöpferkraft, Schöpfungsprozess und Geschöpfen wird also explizit vorgetragen.

Über das Leben in der Welt wird Eckeharts hübscher Satz überliefert: »Seid in der Welt, nicht von der Welt.« Zum Schluss möchte ich noch eine Passage zitieren aus einer Predigt über die wahre Armut, welche gleichsam Sinn und Notwendigkeit der Innenschau, der Wendung des Bewusstseins nach innen vermittels Meditation begründet. Das Zitat stammt aus »Deutsche Predigten und Traktate«.

»Was ich meiner Geborenheit nach bin, das wird sterben und zunichte werden, denn es ist sterblich; darum muss es mit der Zeit verderben. In meiner (ewigen) Geburt wurden alle Dinge geboren, und ich war Ursache meiner selbst und aller Dinge; und hätte ich gewollt, so wäre weder ich noch wären alle Dinge; wäre ich aber nicht, so wäre auch »Gott« nicht: Dass Gott »Gott« ist, dafür bin ich die Ursache; wäre ich nicht, so wäre Gott nicht »Gott«. Dies zu wissen ist nicht not.«

Mit dem letzten Satz weist Meister Eckehart daraufhin, dass diese Ergebnisse einer »unio mystica« sind, die zur Seligkeit der Menschen, die das (noch) nicht nachvollziehen können, nicht unbedingt notwendig ist. Er fährt fort:

»Ein großer Meister sagt, dass sein Durchbrechen edler sei als sein Ausfließen, und das ist wahr. Als ich aus Gott floss, da sprachen alle Dinge: Gott ist. Dies aber kann mich nicht selig machen, denn hierbei erkenne ich mich als Kreatur. In dem Durchbrechen aber, wo ich ledig stehe meines eigenen Willens und des Willens Gottes und aller seiner Werke und Gottes selber, da bin ich über allen Kreaturen und bin weder »Gott« noch Kreatur, bin vielmehr, was ich war und was ich bleiben werde jetzt und immerfort. Da empfange ich einen Aufschwung, der mich bringen soll über alle Engel. In diesem Aufschwung empfange ich so großen Reichtum, dass Gott mir nicht genug sein kann mit allem dem, was er als ›Gott‹ ist, und mit allen seinen göttlichen Werken; denn mir wird in diesem Durchbrechen zuteil, dass ich und Gott eins sind. da bin ich, was ich war, und da nehme ich weder ab noch zu, denn ich bin da eine unbewegliche Ursache, die alle Dinge bewegt. Allhier findet Gott keine Stätte (mehr) in dem Menschen, denn der Mensch erringt mit *dieser* Armut, was er ewig gewesen ist und immerfort bleiben wird. Allhier ist Gott eins mit dem Geiste, und das ist die eigentliche Armut, die man finden kann. Wer diese Rede nicht versteht, der bekümmere sein Herz nicht damit. Denn solange der Mensch dieser Wahrheit nicht gleicht, so lange wird er diese Rede nicht verstehen. Denn es ist eine unverhüllte Wahrheit, die da gekommen ist aus dem Herzen Gottes unmittelbar. Dass wir so leben mögen, dass wir es ewig erfahren, dazu helfe uns Gott. Amen.«

Noch einige Meditationsworte

Unverstellte Aussagen, die uns zum höchsten Meditationserleben herausfordern: jenem, über die Einheit unseres Wesens mit Gott. Einige Zweizeiler aus dem Cherubinischen Wandersmann von Angelus Silesius sollen diesen Abschnitt über christliche Meditation weiter vertiefen. Sie eignen sich als Merksätze und Anstöße zur Meditation.

- Mensch, geh nur in dich selbst! Denn nach dem Stein der Weisen darf man nicht allererst in fremde Lande reisen.
- Wenn Du denkst, Gott zu schau'n, bild dir nichts Sinnlich's ein! Das Schau'n wird inner uns, nicht außerhalb uns sein.
- Das Licht der Herrlichkeit scheint mitten in der Nacht. Wer kann es seh'n? Ein Herz, das Augen, das Augen hat und wacht.
- Wer seine Sinne hat ins Innere gebracht, der hört, was man nicht red't, und siehet in der Nacht.
- Du reisest, vielerlei zu seh'n und auszuspäh'n. Hast du nicht Gott erblickt, so hast du nichts geseh'n.

Meditation ist innere Wahrnehmung mit den unbegrenzten Fähigkeiten der Seele, über die Beschränkung der Sinnesorgane hinaus. Meditation erwartet nichts und macht sich keine Vor-Stellungen, sondern lässt sich ein in das, was in uns ist und was wir sind. Liebe – Liebe zum Leben, zur Schöpfung, zur Schöpferkraft, zu uns selbst! – hilft uns schneller und weiter voran auf dem Weg zur Selbsterkenntnis und Einheitserfahrung als intellektuelle Erwägungen. Ramana Maharshi, Vivekananda, Lao Tse und viele andere Weise des Ostens sagen mit ihren Worten und Lehren nichts anderes als die wahren Mystiker aus der christlichen Tradition. Sowohl das persönlich gemeinte Herzensgebet des »Herz Jesu, vertraue auf Dich« oder »Herz Mariens, ich vertraue auf Dich«, als auch die hoch empor fliegenden Kontemplationen Meister Eckeharts oder Angelus Silesius' weisen von unterschiedlichen Ausgangspunkten aus auf dasselbe: Schöpfer, Schöpfung und das individuelle menschliche Selbst sind im Ersten und Letzten eins – und zwar nicht nur in dunkler Vergangenheit oder ferner Zukunft, sondern immerdar, jederzeit, und auch in diesem Augenblick, in dem Sie diese Zeilen lesen. Sie sind Teil der großen wunderbaren Bewusstseins- und Seelenkraft. Sie sind sowohl Teil der Sonne, des formlosen Ursprungs, des Meeres als auch gleichzeitig ein Sonnenstrahl, eine geformte Gestalt, eine Welle!

Zeugnisse der christlichen Mystik

Dass christliche Mystik weder Einbildung noch etwa gar magisches Blendwerk waren und sind, soll aus den folgenden Zitaten deutlich werden. Hildegard von Bingen schrieb in »Scivias – Wisse die Wege«:

»... kam ein feuriges Licht mit Blitzesleuchten vom offenen Himmel hernieder. Es durchströmte mein Gehirn und durchglühte mir Herz und Brust gleich einer Flamme, die jedoch nicht brannte, sondern wärmte ... nun erschloss sich mir plötzlich der Sinn der Schriften, des Psalters, des Evangeliums ...«

»Die Kraft und das Mysterium verborgener, wunderbarer Gesichte erfuhr ich geheimnisvoll in meinem Innern seit meinem Kindesalter ... Die Gesichte, die ich schaue, empfange ich nicht in traumhaften Zuständen, nicht im Schlafe oder in Geistesgestörtheit, nicht mit den Augen des Körpers oder den Ohren des äußeren Menschen und nicht an abgelegenen Orten, sondern wachend, besonnen und mit klarem Geiste, mit den Augen und Ohren des inneren Menschen, an allgemein zugänglichen Orten, so wie Gott es will. Wie das geschieht, ist für den mit Fleisch umkleideten Menschen schwer zu verstehen.«

Meditation, mystische Innenschau kann beglückend und erfüllend sein, aber darüber hinaus auch zum wahren Verstehen der Weltläufte, des eigenen Lebens und der heiligen Schriften führen. Wie aber kann man das erfahren. Der »mit Fleisch umkleidete Mensch«, so Hildegard, kann das nicht verstehen. Verstand also, reine Rationalität oder Weltklugheit helfen hier nicht weiter. Eine andere christliche Heilige, Teresa von Avila, schrieb in ihrem Werk »Die Seelenburg« dazu:

»Das Problem, dem wir gegenüberstehen, ist, wie wir in die Seelenburg kommen können. Es gibt viele Seelen, die nur um die Burg herumschleichen, sie aber niemals betreten. Sie wissen nicht, welche Schätze in der Burg sind oder wie viele Gemächer sie hat. Ihr müsst gehört haben, dass der Weg nach innen bedeutet, sich nach innen zu wenden. Aber wie macht man das, das ist die Frage. Die Pforte, durch die man in diese Burg einzieht, ist das Gebet mit der Aufmerksamkeit. Ich nenne das Bewegen der Lippen nicht Gebet. Denn dabei weiß man nicht, zu wem man betet und worum man bittet. Der Weg nach innen ist nicht das gesprochene Gebet, sondern das geistige Gebet mit der Aufmerksamkeit.«

Erneut die Frage, wie man das wohl bewerkstelligt, dieses »geistige Gebet mit der Aufmerksamkeit«. Aus der Ostkirche kennen wir die Übung des Herzensgebets, die oben mit einigen Meditationsworten Erwähnung fand. Man könnte sagen: Im Gebet bemühen wir uns, zu Gott zu sprechen; in der Meditation öffnen wir uns, damit Gott sich uns mitteilt (mitteilen = etwas mit jemandem teilen!).

Pater Pio über Meditation

Der Heilige Pater Pio, ein Mann des 20. Jahrhunderts, hat einmal zum Thema der Meditation am 23. September 1918 in einem Brief an eine Frau, als deren Seelenführer er wirkte, Folgendes geschrieben. Das längere Zitat stammt aus einem längst vergriffenen Buch von Maria Winowska, das ich in der Ausgabe der 6. Auflage von

1959, erschienen im Pattloch Verlag, als Geschenk von Franz Schröder, einem inzwischen verstorbenen Priester und Rektor der Großgmainer Marienbruderschaft, vorliegen habe. Ich zitiere so ausführlich, weil von Pater Pio etwas von den Hindernissen auf dem Weg angesprochen wird, was nicht alle Meditationslehrer so klar benennen.

»Ich versichere Dir, dass du bezüglich Deiner Seele völlig beruhigt sein kannst. Ich kann Dich jedoch von der Meditation nicht befreien, und zwar aus dem einfachen Grund, weil Du glaubst, keinen Nutzen daraus zu ziehen! Die heilige Gabe des Gebets, mein liebes Kind, liegt in des Herrn Hand, und je mehr Du Dich deiner selbst entleerst, das heißt, von Deinem eigenen Sinn und jedem fleischlichen Band freimachst, desto mehr wird Er sie Deinem Herzen schenken.

So muss Du mit viel Geduld in der heiligen Übung der Meditation verharren und Dich begnügen, mit Schrittchen voranzukommen, bis Du Beine zum Laufen, oder, noch besser, Flügel zum Fliegen hast. …

Der wahre Grund, weshalb es Dir nicht immer gelingt, eine gute Meditation zu erzielen, ist jedoch folgender, und ich glaube nicht, dass ich mich täusche:

Du beginnst mit einer Art von Erregung, von Unruhe und Angst zu meditieren und bist darauf versessen, ein Thema zu finden, das Deinen Geist befriedigt und tröstet. Und gerade deswegen findest Du nicht, was Du suchst, da weder Dein Geist noch Dein Herz frei genug sind, um sich auf die Wahrheit zu konzentrieren, über die Du nachdenkst. … Diese unnütze Angst ermüdet nur Deinen Geist und macht Dein Denken völlig unfähig, bei den einzelnen Punkten Deiner Meditation zu verweilen. Die Folge wird eine Art Kälte und Stumpfsinn, vor allem im Gemütsbereich, sein.

Ich kenne nur ein Heilmittel gegen diese Übel: verjage die Angst, denn sie ist eine der fürchterlichsten Fallen der wahren Tugend und des wahren Innenlebens. Unter dem Vorwand, die Seele erwärmen zu wollen, kühlt sie ab und lässt sie nur deshalb eilig rennen, um sie zu Fall zu bringen. …«

Pater Pio führt diese Gedanken noch weiters aus und spricht dann davon, dass man sich »in Gottes Gegenwart versetzt, (um) mit Ihm zu reden und Seine Stimme zu hören in Seinen Eingebungen und in Seinen inneren Erleuchtungen.« Er fährt dann fort:

»Kannst Du mit dem Herrn reden, so tue es und singe Seinen Lobpreis. Kannst Du nicht mit Ihm reden, so verliere deshalb nicht den Mut: ahme die Höflinge nach und mache Ihm eine rechte Aufwartung. … Sprich mit Ihm, wenn Du kannst, und kannst Du es nicht, so lass Dich ganz einfach sehen und mach Dir keine Sorge. … Ich segne Dich von ganzer Seele und bin …«

14. Schamanische Übungen

Seit Carlos Castanedas Büchern über Begegnungen mit Don Juan auf den Mesas Mexikos, Lynn Andrews Berichten über schamanistische Rituale mit nordamerikanischen Indianern, seit Sun Bears Medizinradarbeit und Oscar Ichazos Arica-Lehre sowie Michael Harners und Carlo Zumsteins Büchern hat sich das Bewusstsein suchender Menschen im Westen auch für Erfahrungs- und Entwicklungswege der indianischen Schamanen geöffnet. Damit wurde eine Art Ergänzung geschaffen zur zeitweise modischen Ausrichtung nach Asien und der traditionellen Verwurzelung in europäischen, nämlich keltischen und christlichen Mustern.

Das Universum der Schamanen

Obwohl wir heutzutage diesen Begriff wohl meist mit Indianern Nord- und Südamerikas verbinden, entstammt das Wort *Schamanismus* doch einem anderen Kulturkreis. Das Lexikon schreibt, dass es aus dem Sanskrit und dem Tungisischen stammt. Die Endsilbe *-ismus* ist neulateinisch geformt. Schamanismus meint eine Religionsform, in welcher der Schamane, ein Zauberpriester, im Mittelpunkt magischer Rituale steht, bei denen er vor allem Verbindung mit Naturgeistern und mit Seelen Verstorbener aufnimmt, so das Lexikon weiter. Der Religionsforscher und Völkerkundler Mircea Eliade ordnete Schamanismus als die »älteste und am weitesten verbreitete okkulte Tradition« in der Welt ein. Belege schamanistischer Traditionen finden sich überall auf der Welt, von Australien bis Alaska, von den polynesischen Inseln bis

Sibirien, vom Animismus in Schwarzafrika bis ins Tibet der vorbuddhistischen Bön-Religion.

Ähnlich wie in der Alchemie erfuhr der Mensch im Schamanismus, dass er auf ganz intime Weise an der Natur und ihren mysteriösen Vorgängen teilhaben konnte. Der Schamanismus richtete sich zumindest in manchen öffentlichen Ritualen ausdrücklich an die Vielen, während die Alchemie immer wenigen Eingeweihten vorbehalten blieb. Und während in der Alchemie eher die überpersönliche Distanz und die »objektive« Beobachtung und Erkenntnis eine Rolle spielen, geht es im Schamanismus um das lebendige und sehr vitale unmittelbare Teilhaben an einem Geschehen, das Natur und Übernatürliches, Gefühle und Sinne, Körper und Geist miteinander verbindet.

John Lash schreibt in *The Seekers Handbook* (nicht auf Deutsch erschienen): »In der ganzen Welt sind die Hauptmerkmale des archaischen Schamanismus erstaunlich einheitlich und gleichbleibend. Kulturell wird der Schamanismus als eine mystische Berufung angesehen, in die eine ausgewählte Gruppe von Individuen, sowohl Männer wie Frauen, eintritt, die auf geheimnisvolle Weise von geistigen Kräften dazu berufen werden.«

Fast immer wird der zukünftige Schamane in seine Berufung durch eine besondere Prüfung im Leben, durch Krankheit oder durch ein plötzliches oder rätselhaftes Leiden »initiiert«. Danach sieht er seine Aufgabe vor allem darin, Mensch und Natur, Geschöpfe und Umwelt, Erde und Himmel aufeinander zu beziehen.

Dadurch wird der Ansatz des Schamanismus zwar ganzheitlich: eine einzige Lebenskraft durchdringt die gesamte Schöpfung, das menschliche Leben, die Tiere, die Natur. Da alles mit allem zusammenhängt, kann man die Lebenskraft von einem Wesen oder Ort, wo sie vital strömt, nutzen, um sie dorthin zu lenken, wo ein Mangel besteht. Über letztlich magische Eingriffe, die keinerlei kausalen Gesetzen folgen, »zaubert« der Schamane Heilung oder Verwünschung, Stärkung oder Schwächung, Ekstase oder Verwirrung herbei. Somit übt er auch Macht aus.

Grenzen und Gefahren

Aus spiritueller Sicht stellt der Schamanismus indes nur einen allerersten Schritt zur Bewusstwerdung der menschlichen Seele für die ihr innewohnende Göttlichkeit dar. Er ist in dieser Betrachtung noch keine höhere Bewusstseinsstufe oder gar echte spirituelle Meisterschaft, die eben gar nicht mehr von sich aus in das schöpferische Geschehen einzugreifen und zu »manipulieren« sucht, sondern sich ganz dem »Dein Wille geschehe« hingibt.

»Gefahren im Rahmen schamanistischer Vorgehensweisen mögen dann entstehen, wenn wir uns in den verführerischen magischen Ritualen und augenscheinlich oft »erfolgreichen« Wirkungen dieses Zaubers verlieren und die persönliche Identität und den freien geistigen Willen einbüßen.

In den USA und Westeuropa ist die Beschäftigung mit Schamanismus auf jeden Fall zu einem faszinierenden Einstieg in eine neue Weltsicht und zu Wegen geworden, um sich selbst auf ganz ungewohnte Weise zu erfahren. Der Schamanismus scheint etwas zu bieten, das aus der Entfremdung in der durch Maschinen und Kommerz bestimmten Massengesellschaft wieder zu einer unmittelbaren persönlichen Erfahrung der Einheit von Mensch und Natur, von Leben und Geist führen kann.

Berichte über Erfahrungen auf dem schamanistischen Weg hat Carlos Castaneda in seinen legendären Büchern über Don Juan und Don Genaro in einer großen Vielzahl und farbigen Fülle vorgelegt. Selbst das sonst geistigen Phänomenen ablehnend-materialistisch gegenüberstehende Magazin *Der Spiegel* schrieb über eines seiner Bücher: »... eines der ehrlichsten und genauesten Bücher über eine dem Zivilisationsverstand kaum zugängliche Welt magischer Lebensweise.« Das ist allerdings umso erheiternder, als inzwischen die ernste Frage nach dem faktisch-realen Tatsachenfundament der Erzählungen Castanedas durchaus unbeantwortet im Raume steht.

In unserem Zusammenhang erscheint es dem Verfasser jedoch besonders interessant (ungeachtet einer Antwort darauf, ob die Berichte Fakten oder Phantasie sind), dass Castanedas Schilderungen vom Jenseits ein Bild der Zersplitterung der Seele in sozusagen viele kleine Mosaiksteinchen malt. Nach seiner Darstellung bildet sich die Seele aus ungezählten kleinen Energie-Teilchen, die quasi im freien Raum des unsichtbaren Jenseits herumschwirren. Wenn die entsprechenden Impulse und »Klebekräfte« vorhanden sind, dann schließen sich solche Teilchen zusammen und bilden eine menschliche Seele, die zeitweise in einem Körper lebt. Nachdem im Hier und Jetzt alles erledigt ist (oder auch nicht), löst sich die vermeintliche Einheit des menschlichen Bewusstseins angeblich wieder auf.

Dieses Modell erinnert sehr an die Vorstellung des Physikers Jean Charon, der Elektronen (die er in Überhöhung und zur Unterscheidung »Äonen«nennt), die als Träger von Information immer mehr Differenziertheit gewinnen, aber letztlich in keinem festen und bleibenden Zusammenhang zueinander stehen.

Auch manche moderne Vorstellungen in einigen geistigen Richtungen gehen davon aus, dass die Seele erst langsam »aufgebaut« werden müsse, um zur Erlösung, Erleuchtung, etc. zu gelangen, dass sie derzeit noch unvollständig sei, und man ihr nach und nach etwas hinzufügen oder etwas an ihr ausbilden müsse.

Demgegenüber meinen die meisten sogenannten Hochreligionen, dass die Seele eine in sich unzerstörbare und unauflösbare Einheit sei, die göttlichen Ursprungs sei, die sich zwar sehr wohl an die Welt »verloren« habe (da sie sich mit den Formen der Schöpfung identifiziert, anstatt auf die Quelle der Schöpfung – auf Gott – zu blicken), die jedoch in keinem Sinne unvollständig wäre und der genau genommen auch noch nie etwas gefehlt hat.

Statt orthodoxer Dogmatik und seelenloser Wissenschaft bot und bietet der schamanistische Weg immerhin eine aktive Beteiligung am Mysterium des Lebens und unmittelbare eigene Erfahrungen wundersamer Kräfte an. Damit wird er seine Anziehungskraft zumindest solange behalten, bis wieder eine wahrhaft geistige Kultur entsteht.

Vision Quest: Die Suche nach einer Vision und Lebensaufgabe

Zu den stärksten durchbruchartigen Erlebnissen im indianischen Schamanismus gehört der »Vision Quest«, die nur von Instinkt, Intuition und kosmischen Kräften gesteuerte Suche nach dem wahren eigenen Namen bzw. der inneren Kraftquelle. Der Name verkörpert sowohl die Identität des suchenden Menschen, wie seine Aufgabe in diesem Leben. Die Kraftquelle, die durch ein Krafttier offenbart wird, kann zur Inspiration für ein erfüllteres Leben werden. Wesentliche Hilfen auf diesem Weg geben Geisthelfer aus dem Tierreich, eben Tiere der Kraft. Die Tiere verkörpern Urkräfte, die in uns bereits angelegt sind, die wir aber wieder bewusst kennen und anwenden lernen müssen.

In Neu Mexiko, dem »Land of Enchantment«, dem Land des Zaubers, habe ich eine eigene Form des Vision Quests kennen gelernt. Diese Arbeit mit Geisthelfern aus dem Tierreich öffnet einen unmittelbaren, spektakulären Zugang zu bestimmten Ebenen unseres innersten Seins IM KÖRPER! Sie zeigt, wie wir durch den Kontakt zu unserem »Power Animal«, zum Krafttier, unglaubliche Kraftreserven aktivieren und leben können. Für dieses Buch stelle ich Ihnen die Kurzfassung einer Übungsanleitung vor.

Übung Vision Quest (15–20 Minuten)

Der Sinn der Übung besteht darin, dem ureigenen Krafttier zu begegnen, und daraus tieferen Sinn und neue Energien für das Leben zu schöpfen. Dabei kommt es zur Begegnung mit Geisthelfern aus dem Tierreich. Sie führen die Übung am besten im Liegen durch. Wer nicht liegen kann, sollte sich in einen bequemen Sessel setzen.

Einstimmung

– Die Übung beginnt mit einer Tiefenentspannung, die von den Füßen beginnend nach oben führt. Dabei empfindet man, wie in allen Körperteilen und Muskeln loslässt, einsinkt in die Unterlage von Bett oder Sessel, nach und nach schwerer wird, und man NICHTS selber zu tun hat. Sie werden nicht mit Zählen oder anderen Techniken aus dem Körper herausgeführt, sondern tauchen einfach ohne bestimmte Technik oder Methode in Ihr Unter- oder Überbewusstsein hinein.

Vision Quest

– Stellen Sie sich vor, dass Sie am Eingang zu einem herrlichen Tal stehen ... Sie gehen langsam hinein ... Sie sehen Bäume ... und Gräser, wie sie im Winde wehen ... Sie fühlen den Wind auf Ihrer Haut wie eine sanft streichelnde Brise ... Sie spüren Kiesel oder Sand unter Ihren Füßen ... über Ihnen wölbt sich ein unendlicher tiefblauer Himmel ...
– Sie gehen langsam weiter und sehen in einiger Entfernung vor sich magische Felsformationen ... darin entdecken Sie jetzt einen Höhleneingang, der Sie wundersam anzieht ... Ihr Körper bewegt sich wie von selbst auf diese Höhle hin ...
– Sie empfinden etwas wie eine Vorfreude und innere Gelöstheit in sich aufsteigen... Mit jedem Schritt lassen Sie Altes, Belastendes, Vergangenes, Vorurteile, Blockaden und verbrauchte Energien hinter sich ...
– Mit jedem Schritt nach vorn zur Höhle atmen Sie bewusst frischen Mut, neues Vertrauen und unvoreingenommene Klarheit ein ...
– Sie gelangen zum Eingang der Höhle und setzen sich dort nieder, wo es Ihnen am wohlsten ist ... Sie können mit den Händen über den Boden streichen und so erfühlen, wo sich »Ihr« Platz befindet – dort nämlich, wo Sie in den Fingerspitzen ein angenehmes Kribbeln oder wohltuende Wärme wahrnehmen ...
– Mittlerweile haben sich draußen am Himmel Gewitterwolken

zusammengebraut, aus denen Blitze, Donner und Platzregengüsse herniederprasseln. Sie reinigen nicht nur die Atmosphäre, sondern auch Ihren Energiekörper. Sie schauen dem Regen entweder zu oder stellen sich mitten hinein …

– Gewitter und Regen hören auf – aber Sie spüren, dass sich eine neue Energie ankündigt … diese unsichtbare, liebevolle und kraftausstrahlende Energie verdichtet sich… und kommt Ihnen näher … spüren Sie, aus welcher Richtung?

Ihr Krafttier

– Öffnen Sie sich dafür, dass sich aus dieser Energieverdichtung jetzt Ihr Krafttier manifestiert …
– Lassen Sie sich auf diese harmonische und freundliche Energie Ihres Krafttiers ein, ganz gleich, in welcher Form es sich zeigt … nehmen Sie vertrauensvollen Augenkontakt auf … kommen Sie sich beide näher …
– Spüren Sie gegenseitig in sich hinein – lassen Sie sich auf den Wesenskern des jeweils anderen ein – das heißt, Sie tauchen hinein in die Urkraft dieses Geisthelfers aus dem Tierreich, und Sie öffnen sich auch dafür, dass Ihr Krafttier Ihnen ins Herz blicken darf …
– Aus Ihrem Herzen steigt nun die wichtigste Lebensfrage für diese Begegnung auf … Bitten Sie Ihr Krafttier, darauf ein Zeichen oder eine Antwort zu geben, die Sie verstehen können … Lassen Sie sich Zeit, Antworten zu erfahren …

Eine Botschaft

– Nehmen Sie die Antwort tief in sich auf, lassen Sie sich von der Schwingung der Antwort in jeder Zelle erfüllen, verankern Sie die Energie des Krafttiers in sich …
  (In der Langfassung der Übung folgt hier ein Passage, in der das Krafttier dem Menschen das Geschenk macht, ihn mit sich zu nehmen in seine Welt und ihn durch seine Sinne die Welt wahrnehmen lässt.)
– Sie sind jetzt wieder in Ihrer urwüchsigsten Lebensenergie so

verwurzelt, dass Sie diese auch in Ihrem Alltag jederzeit erschließen und nutzen können. Nehmen Sie nun liebevollen Abschied von Ihrem Krafttier und bedanken Sie sich für sein Geschenk …

Ausklang

– Lenken Sie dann Ihre Aufmerksamkeit wieder mehr auf Ihren Körper, der auf dem Bett liegt oder im Sessel sitzt … Atmen Sie einige Male tief und ruhig durch … Vergegenwärtigen Sie sich ihre hiesige Umwelt … öffnen Sie die Augen, wenn Sie soweit sind.

Über die eigenartigen Energiephänomene in den halbunterirdischen Kiva-Tempeln der Anasazi-Indianer im Chaco Canyon im nordwestlichen Neu Mexiko habe ich in meinem Terra X-Film im ZDF berichtet; eine ausführlichere Beschreibung ist im Buch »Terra X – Von den Inseln des Drachenbaums zur Festung der Sturmgötter« (Neuauflage Weltbild Verlag) nachzulesen.

15. Gaia: Mutter Erde und ihre Kraftorte

Das Gaia-Konzept wird Ihnen wahrscheinlich ein Begriff sein. Danach ist unser (ehemals) blau-grüner Planet Erde ein individuelles Wesen mit einer eigenen Intelligenz und einem eigenen Lebensplan. Wir sind nur Gäste dieses Wesens, die sich vorübergehend hier aufhalten werden. Dementsprechend tragen wir einerseits Verantwortung dafür, uns auf eine Weise, wie sie Gästen zukommt, im Lebensraum der Erde zu verhalten. Andererseits öffnet das Gaiakonzept die Chance, auf die Erde zu hören, sie als bewusst agierende Lehrerin zu betrachten, die uns Wesentliches mitzuteilen hat.

Gibt es im Weltall einerseits »tote« Materie und andererseits »lebendigen« Geist? Oder ist eine solche Sichtweise, die in Polaritäten und Gegensätzen denkt, fühlt und handelt überholt und unangemessen, schlicht realitätsfern? Ist möglicherweise alles irgendwie, wenn auch unsichtbar, belebt – weil aus EINEM Bewusstsein entstanden. Ist die Schöpfung »Zufall« oder »Absicht«? Wenn alles dem Prinzip von Ursache und Wirkung zu folgen scheint, stellt unser Leben und sein Un-Sinn dann die eine große Ausnahme dar? Der von mir jetzt benutzte Computer hat eine Ursache, sogar viele Ursachen. Menschen hatten die Ideen dazu, andere hatten Geldmittel und Organisationstalent, um eine Computerfirma zu gründen, wieder andere besaßen die technische und handwerkliche Intelligenz zum Bau, und so weiter, über den Handel bis schließlich auf meinen Schreibtisch. Der Computer ist also nicht »zufällig« da, sondern aufgrund absichtsvoll bewirkter Ursachen. Ist das menschliche Leben absichtslos und ohne Ursache? Ist unser bewusstes Sein = unser Bewusstsein ohne Grund?

Kommt Licht aus dem Dunkel, Liebe aus Hass, Bewusstsein aus dem Nichts?

Meine Antwort kennen Sie. Damit wird Ihre Frage und Ihre Suche und Ihre Antwort nicht vorweggenommen. Sie sind für sich tatsächlich der Nabel der Welt, denn nur, was Sie selbst verwirklichen, können Sie sein. In diesem Sinne vermögen wir uns gegenseitig zu helfen, uns immer wieder an die Grundfragen des menschlichen Seins zu erinnern und an Wege, zu überzeugenden und tragfähigen Antworten zu gelangen. Und auch in diesem Sinne sind wir vielleicht bereit, die Schöpfung selbst als Er-Innerung an innerste Lebenskräfte aufzufassen.

Meditationen an Orten der Kraft

Das Raumschiff Erde trägt uns durch den schier unendlichen Weltenraum. Mit unvorstellbar hoher Geschwindigkeit rast unser ganzes Sonnensystem in einer Bahn um das sogenannte galaktische Zentrum. All dies ohne Sinn? All dies zufällig?

Gaia ist uns Raumschiff und symbolische Mutter zugleich. Die Zyklen von Werden, Wachsen und Vergehen sind in Makrokosmos und Mikrokosmos sehr ähnlich. Es gibt Menschen, welche die intelligenten Kräfte der Erde spüren. Andere sehen ihre Aura. Dritte versuchen unsere verwundete Erde mit verschiedenen spirituellen und physischen Mitteln zu heilen. Mediale Menschen vernehmen so etwas wie Botschaften der Erde. Diese Botschaften werden häufig wie kristallisiert, klar und deutlich, an Orten der Kraft.

Der Ganges und der deutsche Wald, Chartres und Santiago de Compostela, Stonehenge und Chaco Canyon, die Externsteine und der Brocken – überall, auch in unserer nächsten Umgebung finden wir besondere Orte der Kraft. Diese Orte strahlen entweder wirkungsvolle Erdkräfte aus oder vibrieren mit hohen kosmischen Energien, die von Mystikern, Heiligen oder Himmelswesen stammen. Meditationen an diesen Orten bringen oft unerwartete Einblicke in geistige Dimensionen und wesentliche Durchbrüche zu neuen Erkenntnissen. Nicht jeder alte Ort der Kraft ist allerdings heute noch so aufgeladen wie zu seiner Entstehungszeit. Massenzivilisation, Umweltverschmutzung, Raubbau an der Erde und gedankenloser Tourismus tragen ihren Teil zur Entwertung bzw. Zerstörung solcher Plätze bei.

Meditation bedeutet nicht nur Harmonie und Bewusstseinserweiterung für den Meditierenden, sondern auch neue Lebenskraft für seine bzw. ihre Umwelt und Umgebung. In diesem Sinn kann Meditation an Orten der Kraft auch dazu beitragen, dass die Ausstrahlung dieser Plätze bewahrt wird.

Wie meditiert man am besten an solchen Orten? Einige wichtigen Hinweise möchte ich Ihnen in Form von Stichworten geben und Sie gleichzeitig dazu ermuntern zu experimentieren!

Übung an Orten der Kraft

Einstimmung

- Nehmen Sie sich genug Zeit, wenn Sie zu einem Ort der Kraft kommen. Kommen Sie möglichst unvoreingenommen, ohne den Ballast geschichtlicher, kunsthistorischer, religiöser oder mythischer Wissensbrocken. Wichtig ist, was Sie heute und hier wirklich selbst spüren und erleben können, nicht, was andere tatsächlich oder angeblich früher hier erfahren haben mögen.
- Sie können natürlich eine Ihnen gewohnte Meditationsform ausführen und ganz wach wahrnehmen, welche Impulse Sie an diesem Platz erhalten, und wie sich die Ergebnisse von Ihren sonstigen Meditationserfahrungen unterscheiden.
- Oder Sie lassen sich auf eine ganz andere Art der Öffnung für die besonderen Energien des jeweiligen Kraftortes ein. Tasten Sie mit geschlossenen Händen über die Mauern des Gebäudes oder die Steine eines Naturdenkmals.

- Umarmen Sie Bäume, die an einem herausgehobenen Platz stehen.
- Pendeln oder muten Sie positive und negative Zonen und Linien aus, und suchen Sie sich danach den für Sie geeignetsten Platz zur Meditation aus.

Botschaften erspüren
- Beten oder bitten Sie in einer Ihnen vertrauten Form zum »Geist« dieses Ortes bzw. zu den Kräften, die dort herrschen, Ihnen nützliche, positive und erhebende Einsichten zu vermitteln. Was sind Ihre persönlichen Aufgaben, was sind planetarische Notwendigkeiten? (Blanche Merz hat darauf hingewiesen, dass es so etwas wie die »Seele eines Ortes« gibt, mit der man in Verbindung treten kann.)
- Vielleicht möchten Sie sich auch einfach still hinsetzen und vor Ihrem inneren, geistigen Auge – ohne etwas Bestimmtes zu wollen oder zu erwarten – Bilder und Botschaften aus alten Tagen aufsteigen lassen, die Ihnen Aufschluss geben darüber, was an diesem Ort der Kraft passierte. Warum wurde er errichtet oder wofür wurde er genutzt? Welche Rituale oder Zeremonien wurden durchgeführt? Wer nahm daran teil? Und welchen Sinn hat dieser Ort für Menschen heute?

Vollmond- und Neumondtage bzw. -nächte öffnen uns gut für subtile Energien. Zahlreiche Orte der Kraft sind nach kosmischen Gesetzen entstanden bzw. gebaut, und somit sind ihre Kräfte an manchen Tagen im Jahr stärker spürbar als an anderen. Zu diesen besonderen Tagen gehören die Frühlings- und Herbst-Tagundnachtgleichen, die Sommer- und Wintersonnenwenden, die »Rauhnächte« zwischen Weihnachten und Heilige Drei Könige, der Maivollmond als Tag der Fruchtbarkeit und das Erntedankfest im Herbst als Tag der Ernte. Bekanntlich hat auch der vermeintlich christliche Kalender viele »heidnische« (= von Erdkräften stark energetisch bestimmte) Feiertage übernommen und mit eigenen Namen versehen.

– Wenn Bilderfolgen in Ihnen aufsteigen, seien Sie nicht überrascht, wenn Sie sich darin auch selbst in der einen oder anderen Gestalt wiedererkennen. Es ist eine wohlbekannte spirituelle Tatsache, dass Personen und Orte, die uns in diesem Leben wichtig sind, in früheren Leben oder in anderen Bewusstseinsdimensionen (wie Sie wollen) bereits eine Rolle für uns gespielt haben.

Ein Beispiel dafür hat Ingrid Kraaz, die sehr medial ist, erlebt. Auf einem Gut in einem Dorf bei Weilheim sollte sie für eine Patientin geopathische Störzonen muten. Sie wollte sich auf die dort herrschenden besonderen Schwingungszustände bewusst und sensibel einstellen. In der Küche des Haupthauses machte sich plötzlich eine irgendwie andersartige Kraft bemerkbar. Gleichzeitig stiegen in ihr innere Bilder auf. Ingrid sah ein keltisches Kreuz mit einer Art Marienfigur darauf und einen unterirdischen Brunnen, sowie uralte Metallmünzen. Sie »sah«, dass hier früher ein heiliger Platz der Kelten bestand, der von Christen »umfunktioniert« und dessen Kräfte dann für christliche Zwecke angewandt wurde. Als Ursache der Störzone stellte sich ein unterirdisches Gewölbe heraus. Der Gutsverwalter sagte später, dass ein anderer Rutengänger bei einer früheren Begehung eine fast identische »Vision« erlebt hatte und sie aufgezeichnet hatte. In der folgenden Nacht erfuhr Ingrid Kraaz »Durchgaben« aus keltischen Zeiten in der Form von rhythmischen Versen. Diese erwiesen sich bei späteren Recherchen als authentische, wenn auch verschlüsselte Angaben über Rituale und Schätze an einer unterirdischen Grabstelle neben einer Heilquelle. Solche oder ähnliche Erlebnisse können andere medial offene Menschen sicher vielfach bestätigen.

III. Positive Mystik

Erlösung kommt von innen, nicht von außen,
und wird erworben mehr, als dir geschenkt.
Sie ist die Kraft des Innern, die von draußen
Rückstrahlend deines Schicksals Ströme lenkt.

Hella Zahrada, Ephides

16. Meditation zur Lösung von Problemen

Ein väterlicher Freund, der inzwischen seinen Körper hinter sich gelassen hat, Hans-Joachim von Goertzke, pflegte zu sagen, »Wir können die Probleme nicht lösen, wir können nur uns von den Problemen lösen.« Da klingt Meister Eckeharts Wort an, »Seid in der Welt, seid nicht von der Welt.« Wo liegt die goldene Mitte zwischen irdischer Verantwortung und geistiger Gelassenheit?

Wenn Meditation als Lebenskraft aus der Mitte sich nicht auch bei der Lösung von Problemen bewähren würde, wäre sie ja nur etwas für die Sonntage im Leben. Aber gerade bei der Bewältigung von Problemen zeigt sich der Wert eines Lebens aus der Mitte. Wir können Themen und Probleme nur dann lösen, wenn wir uns über sie erheben bzw. uns aus ihren »Klauen« befreien. Eine jeweils höhere, übergeordnete, transparentere Bewusstseinsebene ist notwendig, um darunter, in dichteren Ebenen liegende Themen zu verstehen und zu behandeln.

Darin liegt ja der tragische Irrtum eines Großteils der Psychologie: Gemüt und Verstand und die verschiedenen Bewusstseinsschichten können sehr oft nicht jene Probleme lösen, die von ihnen selbst geschaffen wurden. Intuition, Inspiration, Spiritualität und Gnade vermögen Probleme zu lösen, wenn der psychologische Hausverstand nicht mehr hinreicht. Meditation ist ein Weg, auch um höhere Bewusstseinsebenen zu erfahren und zu integrieren, damit wir Probleme sehen und behandeln können.

Es ist, als ob wir mitten im Dschungel stecken und zwar eine Karte in der Hand haben, aber keinerlei Übersicht, um aus der Karte Nutzen ziehen zu können. Meditation hilft uns, wie von einem Hügel oder sogar eher einem Freiluftballon aus das Gelände frei zu überblicken und dann anhand der Karte die richtigen Wege zu erkennen, wieder aus dem Dschungel herauszufinden.

Wundern wir uns allerdings nicht, wenn die Meditation oft genug nicht die Probleme auf mirakulöse Art einfach auflöst, sondern wir Einsichten gewinnen, warum und wie wir selbst uns verändern, also einen weiteren Aspekt unserer Ichhaftigkeit auflösen müssen. Bei Meditationen als Hilfe zur Problemlösung gibt es verschiedene, deutlich abgrenzbare Stufen.

Stufen der Problemlösung

- Die erste Stufe ist die Problembeschreibung, am besten VOR der Meditation, am besten in einem einzigen Satz schriftlich!
- Die zweite Stufe ist die Erkenntnis, was das Wesen des Problems ist. Dabei geht es mehr um die »Schwingung«, als um eine intellektuelle detaillierte Problemerkenntnis.
- Die dritte Stufe ist die Besinnung darauf, was diese Schwingung für uns bedeutet, was sie auslöst, und wie wir darauf reagieren.
- Die vierte Stufe ist die Besinnung darauf, welche Schwingung wir gern hätten, mit welcher Schwingung des Themas wir gut würden umgehen können.
- Die fünfte Stufe ist die Öffnung für innere Einsichten, wie wir ab jetzt mit dem Thema umgehen wollen – GLEICH, welche Antwort oder Entwicklung oder Lösung sich EGAL zu welcher Zeit ergeben wird.
- Die sechste und letzte Stufe ist die Lösung VOM Thema, die verantwortungsbereite Abgabe an höhere Kräfte.

Übung Meditation zur Problemlösung (10 Minuten)

Nehmen Sie sich MAXIMAL 2 Minuten Zeit, um das Problem oder Thema in einen einzigen Satz zu fassen und aufzuschreiben. (Vielleicht entdecken Sie, dass sich die Sache schon in diesem frühen Stadium entwirrt und erledigt, oder dass Sie noch gar nicht einmal wissen, was das Problem oder Thema eigentlich ist. Längere Beschäftigung verstärkt nur in unnötiger Weise die Problemhaftigkeit, weil wir dem Thema zuviel Zeit = Energie geben!)

Einstimmung

- Setzen oder legen Sie sich entspannt hin – achten Sie darauf, für die nächsten zehn Minuten wirklich ungestört zu sein. Stellen Sie das Telefon leise, etc. Lassen Sie sich Zeit – das Thema hat Sie ja bisher offensichtlich schon so viel Zeit »gekostet«, dass es wichtig genug geworden ist, sich davon zu lösen. Schließen Sie Ihre Augen.
- Denken Sie an den Satz Ihrer Beschreibung und erspüren Sie, welche Schwingungen von diesem Satz in Ihnen ausgelöst werden. Welche Art von Wellen empfangen Sie? … Dunkelheit oder Licht? … Tauchen bestimmte Farben im Zusammenhang mit diesem Satz auf? … Stellen sich Gefühle der Enge oder der Entgrenzung ein? … Machen sich in der Magengrube Stiche oder Nervosität bemerkbar? … Fühlen Sie irgendwo einen Druck im Körper? … Auf der Brust … auf den Schultern … im Kopf? …
- Spüren Sie 1 bis 2 Minuten unvoreingenommen in die Schwingungen Ihres beschreibenden Satzes hinein und versuchen Sie ohne jede Bewertung zu beachten, wie Körper, Gefühle, Gedankenwelt und Ihre Seele auf die Schwingungen dieses Satzes reagiert.

Schwingungen spüren

- Ziehen Sie dann Ihre Aufmerksamkeit vom Satz, seinen Schwingungen und Ihren Reaktionen wieder ganz zurück bzw. heraus. »Erträumen« Sie sich nun die SCHWINGUNG aber NICHT eine »Lösung«, die Sie gern im Zusammenhang mit dem Thema empfinden würden … Vielleicht ein bestimmtes Licht … oder einen harmonischen Klang … oder eine Landschaft … oder ein bestimmter Mensch … oder ein Gefühl von

Wärme … oder von Sicherheit … oder von Liebe … »Baden« Sie in diesem Traum … lassen Sie alle Zellen spüren, wie sich diese Schwingung für die Zellen anfühlen würde …

- Registrieren Sie, wie Sie sich jetzt fühlen.
- Lenken Sie nun Ihre Aufmerksamkeit auf eines der drei folgenden Zentren, je nach Ihrer Neigung – auf das Herzzentrum, das Augenbrauenzentrum oder das Zentrum über Ihrem Kopf. Öffnen Sie sich dort für Zeichen aus höheren Bewusstseinsschichten dafür, wie Sie mit dem Thema ab jetzt am besten umgehen können …
- Mit welcher Einstellung sollten Sie dem Thema ab jetzt am besten begegnen … nüchtern? … herablassend? … desinteressiert? … mit mehr Einsatz? … gelassen? … schwungvoll? … mit mehr Achtsamkeit? … mit mehr Liebe? … Achten Sie behutsam auf innere Signale oder Zeichen – in Form von Worten oder Bildern, vielleicht aber auch in Form von Schwingungen …

In die Zukunft spüren

- Stellen Sie sich dann vor – mit genügend Abstand und Ruhe zwischen den Einzelfragen:
- Wie werden Sie morgen über das Thema wohl denken und fühlen? … Wie werden Sie in einer Woche das Thema sehen? … Wie werden Sie in einem Monat das Thema anschauen? … Wie werden Sie in einem Jahr rückblickend darüber denken? …
- Und welche Bedeutung wird das Thema wohl am Ende Ihres Lebens haben, wenn Sie diesen Körper verlassen und sich in eine neue Bewusstseinsebene begeben? …

Ausklang

- Beenden Sie diese Übung mit dreimaligen ruhigen und tiefen Ein- und Ausatmen, öffnen Sie Ihre Augen, spüren Sie, wie Sie sich jetzt fühlen und vergleichen Sie dies mit dem Zustand am Beginn.

Dass auch sehr weltliche, »triviale« Probleme mit dieser Methode gelöst werden können, durfte ich gerade kurz nachdem ich diese Zeilen geschrieben hatte, erneut erfahren. Die Steuerbehörde von Neu Mexiko hatte Säumniszuschläge für meine letzten Steuerzahlungen angemahnt. Da ich in etlichen Dingen nicht sehr ordentlich bin – vor allen Dingen nicht, wenn ich an Manuskripten arbeite – fand ich eine ganze Zeit lang meinen Beleg für die pünktlich erfolgte Zahlung leider nicht. Jetzt aber, nachdem ich das »Problem« ausdrücklich auf seine Lösung erst nach Arbeitsende verschoben hatte, fiel mir der Beleg praktisch wie von selbst in die Hand.

Es geht bei der Problemlösung aus einer anderen Perspektive fast immer um eine ganz eigenartige Balance zwischen Bemühung und Loslassen.

17. Meditation mit Mantras und Mandalas

Indien ist das Heimatland der Meditation, soweit wir es schriftlichen, Jahrtausende alten Zeugnissen entnehmen können. Meditation, Innenschau, die Erforschung von überirdischen Welten und ihren Kräften wurde nirgendwo sonst so systematisch betrieben und dokumentiert wie in Indien. Der krönende Höhepunkt auf dem achtfachen Raja-Yogaweg nach Patanjali, dem »Königs-Yoga«, ist Meditation. Was in späteren christlichen Exerzitien und Kontemplationen »westlicher« MystikerInnen individuell erfahren und eher bruchstückhaft mitgeteilt wurde, lässt sich im Osten institutionalisiert lernen und in geradezu wissenschaftlichen Dokumentationen nachlesen. Inzwischen ist in Deutschland übrigens auf Initiative von Prof. Dr. Klaus Engel und anderen an Meditation interessierten Forschern eine wissenschaftliche orientierte Vereinigung entstanden mit dem Namen »Society for Meditation and Meditation Research«.

Der Weg des Kriya-Yoga nach Yogananda gehört zu den bekanntesten Meditationswegen aus Indien. Die von Yogananda Anfang des 20. Jahrhunderts in den USA gegründete »Self-Realization Fellowship« gibt Lehrbriefe heraus, in denen man Schritt für Schritt auf diesem Weg vorangeführt wird. Sri Aurobindos »Integraler Yoga« stellt ebenfalls einen »wissenschaftlichen« Ansatz zur meditativen Selbstverwirklichung dar. Der »Surat Shabd Yoga« wie ihn vor allem Sawan und Kirpal Singh sowie dessen Nachfolger Darshan und Rajinder in den Westen getragen haben, stellt ebenfalls einen sehr systematischen Meditationsweg dar. Rein vegetarische Ernährung und die Bemühung um eine ethische Lebensführung, sowie Licht- und Klangmeditation und die mentale Wiederholung von fünf besonderen Mantras stehen hier im Mittelpunkt, neben der in Indien üblichen Verehrung des Meditationslehrers.

Die verschiedenen buddhistischen und zen-buddhistischen Meditationswege lassen sich nicht so einfach methodisch beschreiben wie viele indische. Übrigens: Weder Yogananda noch Aurobindo noch die meisten anderen indischen Meditationsmeister hatten zur Weltabkehr und Askese aufgerufen, sondern vielmehr zur fröhlichen Annahme irdischer Verantwortung. Darauf kommen wir später unter der Überschrift »Positive Mystik« noch etwas ausführlicher zurück.

Mantras als Kraftworte

Mantras sind kraftgeladene Silben – OM zum Beispiel –, Worte oder ganze Sätze. Es gibt unterschiedliche Meinungen darüber, worin die Wirkung von Mantras liegt:

- in der ständigen Wiederholung, wie zum Beispiel beim Rosenkranz, so dass weniger unnütze, ablenkende Gedanken und Gefühle im Gemüt »Platz« haben;
- in der Inbrunst, mit der die Mantras manchmal hörbar, manchmal still gesprochen werden, weil sich dadurch die Seele öffnet und aufschwingt in höhere Gefilde;
- in der »Aufladung« mit geistigen Kräften eines Menschen und/oder Geistführers, der selber über höhere Kräfte verfügt;
- in der Aufladung des Mantras durch die Wiederholung von Millionen von anderen Menschen, die ihre kleineren oder größeren Gemüts- und Seelenkräfte des Hoffens, Bittens, Betens in diese Silben hineingelegt haben.

Vielleicht variiert der Grund der Wirksamkeit auch. Ich möchte Ihnen vorschlagen, selbst einige Zeit mit Mantras zu experimentieren. Manche benutzen nur die Wiederholung der Vokale, andere ihren eigenen Namen, wieder andere eine Kurzformel dessen, was ihnen am meisten am Herzen liegt. Ich erinnerte mich vor vielen Jahren, einmal in einem Buch gelesen zu haben, dass man spirituelle Fortschritte machen könne, wenn man nur immer daran denke, was im Leben am wichtigsten sei. In meiner direkten Art fand ich, dass ich eigentlich mit nicht weniger als Gott zufrieden sein sollte, FALLS es ihn/es überhaupt gäbe. Also bastelte ich mir damals, bald dreißig Jahre sind es her, selbst ein Mantra, das lautete: »Wenn es dich gibt, will ich zu dir.« Die Wirkungen meiner Bemühungen – und vermutlich höherer gnädiger Kräfte – waren innerhalb weniger Tage spürbar und führten mich zwar nicht zum kindlich ausgemalten alten gütigen Mann mit dem Rauschebart, aber immerhin mehr zu mir selbst, zum Wesensgrund, zu Seelen- und Bewusstseinskräften.

Affirmationen, die inzwischen bei uns sehr beliebten Sinnsprüche für eine positive Einstimmung von Seele und Gemüt und somit für die Harmonisierung unbewusster und unterbewusster Schichten und zur Aktivierung des Überbewusstseins, eignen sich ebenfalls sehr gut als Mantra. Zum Rescue Remedy der Bachblüten oder anderen Heilblütenwasser lautet die Affirmation zum Beispiel: »Ich bitte um Hilfe und göttliche Führung.«

Übung mit Mantras (3–5 Minuten)

Der Sinn der Übung besteht darin, zunächst einmal herauszufinden, ob sich ein Mantra für sie eignet. Danach darin, eine Art Verankerung für Ihren Geist aufzubauen, der Ihnen zumindest inneren Abstand und eine ruhige Kraft vermittelt, wenn die Wogen des Lebens zu hoch schlagen. Außerdem kann sich ein Mantra als Schutz und Prüfstein für die Meditation erweisen!

- Die Übung besteht darin, die gewählte Silbe, das Wort oder die kurze Formel oder Affirmation eine Woche lang jeden Morgen, jeden Mittag und jeden Abend HALBLAUT ruhig und entspannt 3 bis 5 Minuten lang zu wiederholen. Stellen Sie sich dabei bewusst auf den SINN des Mantras ein.
- Nach dieser ersten Woche wiederholen Sie das Mantra so oft Sie

mögen und sich daran erinnern lautlos, nur in Gedanken, indem Sie es am Augenbrauenzentrum hinter der Stirn, also am sogenannten dritten Auge denken.

Wenn Sie sich von einem Mantra wieder lösen wollen, und das fällt Ihnen nicht (mehr) so leicht, weil sich das ständige innere »Plappern« der Gedanken, das uns am Anfang ständig geistig auf Trab hält, nun bereits gelegt hat und ein »Vakuum« entsteht, dann ersetzen Sie bewusst und wach das Mantra, wenn immer es auftaucht, mit einer schönen Erinnerung, einem angenehmen Gedanken, einem wohltuenden Gefühl.

Übung mit Mandalas

Mandalas sind farbige rechteckige, quadratische oder runde Bildtafeln, die durch geometrische Muster, Farbanordnung bzw. konkrete Figuren und Gestalten kraftgeladen sind und als Meditationsobjekte dienen. Man kann grundsätzlich unterscheiden zwischen rein geometrisch aufgebauten Mandalas und solchen, auf denen Szenen von Erde, Himmel oder Hölle dargestellt werden. Gerade der tibetische Buddhismus arbeitet gern mit solchen Mandalabildern, die auf Stoff gemalt oder gestickt als Hängebilder Wände in Häusern und Tempel zieren, oder manchmal auch direkt auf eine Tempelwand gemalt sind.

Neben den geometrischen Mandalas des indischen Subkontinents erinnern auch arabische Ornamente an Bilder, in die sich der Geist versenken kann. Ich finde, dass auch die Aquarelle in der anthroposophischen Kunst eine »Mandala-Qualität« besitzen. Wenn Sie selbst ein hübsches Bild als Poster oder Karte sehen, oder wenn Sie selber ein Bild gestalten, kann auch das zu Ihrem Mandala werden.

Ein erster Sinn der Mandala-Meditationsübung ist, unser Gemüt zur Ruhe kommen zu lassen, indem wir ihm ein »statisches« Bild anbieten. Ein zweiter Sinn besteht darin, dass wir durch die anhaltende Vertiefung – gleich, ob mit oder ohne Gedankentätigkeit – in unser Mandala völlig neue Beobachtungen machen und völlig neue Sinngehalte entdecken können.

Eine Formel oder Methode zur Meditation mit Mandalas möchte ich nicht vorschlagen. Sie betrachten einfach Ihr Mandala eine Zeit lang mit offenen Augen. Dann möchten Sie vielleicht für eine beliebige Zeit Ihre Augen schließen und das Bild innen nachwirken lassen.

Sie können diese Art von Wechselspiel eine ganze Zeitlang üben. Aber Achtung: Lassen Sie sich nicht unwillkürlich vom Mandala »hypnotisieren«!

18. Schwierigkeiten in der Meditation

Seit 1975 bemühe ich mich um Meditation. Ich durfte Meditationsmeistern persönlich begegnen und wurde von manchen in ihre Meditationsformen eingewiesen. Dazu zählen Swami Nithyabodhyananda vom Ramakrishna-Orden, der Sufi-Meister Pir Vilayat Khan, der große tibetische Lama Kalu Rinpoche, Sri Chinmoy, Pater Enomiya Lassalle, die bedeutende Yogalehrerin Anneliese Harf, der Schamane Martín, und vor allem der wunderbare und gütige Sant Darshan Singh und sein Nachfolger Sant Rajinder Singh. Andere spirituelle Lehrer habe ich durch ihre Überlieferungen kennen gelernt – Gnostiker und Urchristen, christliche Mystiker und Sufis, Hinduheilige, buddhistische Weise und Sikh-Lehrer.

Mein Lebensweg hat mich zwar bislang schon achtzehn Male nach Indien geführt, aber nie länger als einmal vier Wochen, meist deutlich kürzer, weil ich mein »normales« Leben nie aufgeben, sondern immer um etwas Neues erweitern und ergänzen wollte. Dabei saß ich dort anfangs auch acht, zehn oder sogar zwölf Stunden im Bemühen um Meditation. Im Westen sitze ich nicht länger als zwei oder drei Stunden, regelmäßig jedoch meistens nur eine halbe Stunde oder sogar noch kürzer. Mir ist aus eigenem Erleben vertraut, welche Vielzahl von von Meditationsschwierigkeiten unter welchen äußeren und inneren Umständen auftauchen können. Durch zahlreiche laufende Seminare und den Austausch mit Teilnehmern wurde und werde ich darüber hinaus mit einer Fülle von kleineren und größeren Problemen bei der Meditation konfrontiert, die wir mit Hilfe der Weisheit großer LehrerInnen sowie aufgrund eigener Einsichten zu überwinden suchen.

Die wichtigsten Meditationshindernisse und -irritationen führe ich auf und gebe Ihnen jeweils stichwortartige alternative Hinweise dazu, wie man sie meiner Erfahrung nach loswerden kann. Bitte beachten Sie aber, dass ich keine therapeutische Ausbildung besitze und meine medizinischen Kenntnisse recht begrenzt sind. Wenn Sie handfeste gesundheitliche Beschwerden haben und nicht sicher sind, ob und vor allem wie Sie meditieren sollen, so wenden Sie sich am besten an eine/n Heilkundige/n, die/der selbst auch über eigene Erfahrung mit Meditation verfügt und fragen nach.

Grundsätzlich kann ich Ihnen aber versichern, dass Meditation – mit der rechten Motivation und ohne »Leistungszwang« ausgeführt, immer heilsam ist. Dass ich so viele verschiedene Meditationsschwierigkeiten aufführe, heißt NICHT, dass Meditation riskant sei oder SIE alle oder auch nur einige davon je erleben werden. Die folgende Übersicht dient aber der Vollständigkeit eines Meditationshandbuchs und jenen Menschen, die zu meditieren versucht haben, aber ihre Probleme bislang weder besprechen noch lösen konnten.

Schläfrigkeit, Müdigkeit

- Achten Sie auf eine aufrechte, gerade Haltung (aber ohne den Rücken künstlich oder schmerzhaft durchzudrücken oder zu stark zu belasten);
- Meditieren Sie im Sitzen statt im Liegen, lehnen Sie sich dabei ruhig an einer Rückenlehne an, aber bleiben Sie in Ihrer Konzentration mindestens im Herzchakra, besser noch im Augenbrauenchakra;
- Tupfen Sie Stirn, Schläfen und Nacken mit kühlem Wasser ab;
- Trinken Sie einen Schluck kühles Wasser vor der Meditation;
- Vermeiden Sie, vor der Meditation viel zu essen; essen Sie vegetarisch;
- Stehen Sie lieber alle 5 bis 10 Minuten auf, schnappen Sie fri-

sche Luft, trinken Sie lieber immer mal wieder einen Schluck Wasser und tupfen Sie sich mit Wasser ab, als einfach »wegzusacken«.

Wenn das alles nichts hilft, brauchen Sie offenbar dringend mehr Schlaf, und sollten also NACH dem Schlaf, am Morgen, meditieren. Übrigens: es kann sein, dass Sie glauben zu schlafen, weil Sie sich nicht an Meditationserfahrungen erinnern können. Es gibt aber auch Fälle, die gar nicht so selten sind, dass in der Meditation ein Eintritt in andere Bewusstseinsdimensionen stattfindet und das registrierende Tagesbewusstsein des Betreffenden einfach ausgeschaltet war bzw. die Erlebnisse »verdrängt«. Wenn Sie sich nach einer Meditationsübung FRISCH fühlen, haben Sie mit höchster Wahrscheinlichkeit nicht geschlafen, auch wenn Sie sich an nichts erinnern!

Nervöses Körperjucken

- Von medizinisch bestimmbaren Ursachen und entsprechenden naturheilkundlichen Therapien einmal abgesehen, überwinden Sie so etwas am besten durch fünf Minuten Spaziergang oder betont ruhiges, tiefes Ein- und Ausatmen möglichst frischer Luft.
- Achten Sie auch darauf, dass Ihre Haut nicht zu trocken – also regelmäßig eincremen oder mit Hautöl pflegen – und die Luft im Meditationsraum nicht zu warm ist. Nervöses Jucken kann auch mit zu viel Zuckerkonsum in den verschiedensten Formen zu tun haben!
- Einen Sonderfall stellt Körperjucken aufgrund schlechter Wäschequalität dar. »Moderne« Textilmischungen enthalten oft Kunstfasern, die früher keinerlei Juckreize ausübten, nun aber – infolge der erhöhten Schadstoffbelastungen und der deshalb entstehenden Allergieneigungen – sehr wohl die Haut irritieren können. Versuchen Sie es dann mit Wäsche aus reiner Baumwolle.

Sie bemerken, dass ich Ihnen nicht als Erstes rate, das Jucken einfach zu übersehen und so zu tun, als ob man davon nicht gestört wäre – so weit sind wir nämlich im Regelfall nicht. Allerdings können Sie versuchen, immer wieder einmal mit Ihrem Bewusstsein möglichst präzise dort hinein zu gehen, wo es juckt. Sie werden feststellen, dass immer häufiger der Juckreiz dann von selbst aufhört.

Brillen, Kontaktlinsen, Kaugummi

Nach meiner Erfahrung ist es günstiger, wenn Sie während der Meditation Ihre Brille absetzen, sogar eventuell Kontaktlinsen herausnehmen, und selbstverständlich auch den Kaugummi herausnehmen. Diese Dinge erweisen sich nämlich immer als grobe oder subtile Ablenkungen, auch wenn man das anfangs vielleicht gar nicht recht bemerkt.

Kälte, Wärme, Körpertemperatur

- Wenn Sie Einfluss auf die Außentemperatur haben, stellen Sie am besten eine angenehme, aber nicht zu warme Temperatur ein. Man schläft leichter ein, wenn es zu warm beim Meditieren ist.
- Gegen Kälte schützt am wirkungsvollsten eine Wolldecke, die Sie sich um den Körper legen.
- Natürlich ist es nicht nur sinnvoll, sondern auch sehr wichtig, dass der Boden, auf dem Sie evt. direkt sitzen, warm genug ist, damit Sie keine Erkältung bekommen. Also auch hier eine Decke oder ein Fell benutzen.

Nicht selten fällt die Körpertemperatur bei tiefen Meditationen ab und man spürt vielleicht sogar ein leichtes Frösteln oder Zittern. Das ist erklärlich, weil die Tätigkeit der Körperfunktionen in der Meditation nicht nur harmonisiert und reguliert, sondern auch herabgesetzt wird – das Bewusstsein zieht sich ja teilweise oder ganz zurück und »braucht« die volle Körperleistung nicht mehr in dem Maße wie es zum Beispiel bei einem Spaziergang, in der Küche oder beim Sport der Fall ist. Sie brauchen aber in diesem Fall des natürlichen Absinkens der Körpertemperatur keinerlei Sorge um Ihre Gesundheit zu hegen. Eine mittlere Wolldecke sorgt bei einer Meditationsdauer von bis zu zwei oder drei Stunden für genügend Schutz.

Verdauungsprobleme

Falls Sie es so einrichten können, essen Sie vor der Meditation keine zu großen und schweren Mahlzeiten. Verdauungsprobleme können nicht nur zu unliebsamen Blähungen und Schmerzen führen, sondern auch zu astral belasteten Meditationserfahrungen, d.h. zu unerfreulichen Bildern und Erlebnissen. An dieser Stelle kann ich auf eine vernünftige Ernährung nicht näher eingehen, möchte Ihnen aber wenigstens sehr kursorische Hinweise geben: Trinken Sie genügend klare, ungebundene Flüssigkeit, am besten frisches, gutes Wasser. Essen Sie leicht aber mit Freude! Denken Sie dabei auch an die möglichen seelischen und karmischen Folgen. Am günstigsten, wenn Sie vor der Meditation Appetit haben, sind Früchte und Nüsse.

Drogen

Es ist ein fataler Irrtum zu glauben, dass halluzinogene Drogen wie Marihuana, Haschisch, LSD, Peyote etc. oder auch Kokain in irgendeiner Weise etwas mit wertvollen Bewusstseinserweiterungen zu tun hätten. Das Gegenteil ist der Fall. Unser Bewusstsein wird regelrecht betrogen, von allen längst erwiesenen Gesundheitsschäden hier ganz abgesehen. Drogen gaukeln Bewusstseinszustände vor, die genauso künstlich gemacht und falsch sind, wie Computerspiele. Es macht vielleicht eine Zeitlang Spaß, damit zu

»spielen«. Die lebendige Kommunikation und die daraus erwachsende menschliche Reife, welche wiederum erst das Sprungbrett zu spirituellen Erfahrungen und ganzheitlicher Verwirklichung darstellt, können Drogen nie vermitteln.

Manche Menschen sind da ganz anderer Meinung. Sie glauben, dass Ihnen erst der Aufbruch Ihrer Bewusstseinsmuster durch Drogen zur Einsicht verholfen habe, dass es unkörperliche, überirdische Bewusstseinsdimensionen gibt. Sie haben es aber ohne Drogen gar nicht versucht und wissen bis heute nicht, inwieweit Drogen wesentlich weitergehende Erfahrungen blockieren.

Wenn Sie Drogen genommen haben und jetzt die Reststoffe in den physischen, emotional-mentalen und astralen Körpern herauslassen und ausscheiden wollen, empfehle ich Ihnen dringendst eine vernünftige natürliche Ernährung; viel klares Wasser, abwechselnde Bäder mit Meersalz und Apfelessig, reichlich Vitamin C und A (β-Carotin), zum Beispiel in Form von »Spirulina« (blau-grüne Algen), richtig aufgeschlossene Bienenpollen und Gelee Royale, Schwitz- und Dampfbäder und eine naturheilkundliche Ausleitungstherapie durch einen gut ausgebildeten und kompetenten Heilpraktiker.

Störungen durch Familie, Partner, Gäste, Tiere

Es ist völlig legitim, dass wir uns Zeit für uns selbst nehmen. Nicht so oft wird Zeit sinnvoller und harmonischer eingesetzt als in der Meditation. Wie häufig verplempern wir Zeit? Bitten Sie also Familie und Partner um Verständnis, dass Sie sich für eine viertel oder halbe Stunde zurückziehen möchten. Laden Sie Gäste ruhig mit ein, an der Meditation teilzunehmen! Und auch unsere lieben Haustiere können diese Zeit für sich sein. Häufig ist jedoch zu beobachten, dass Katzen und Hunde sich ebenfalls still mit dazu setzen, wenn sie einmal gelernt haben, dass man in der Meditationszeit auf eine feuchte Hundenase oder ein schnurrendes Umstreichen der Beine nicht weiter eingeht.

Übrigens: Wenn die Kinder dann doch wieder hereinplatzen mit irgendeiner wahnsinnig wichtigen Frage oder Neuigkeit, so ist das ein schöner kleiner Test für uns, ob wir auch jetzt in der Mitte bleiben können oder nicht. Jeder Leser wird sein eigenes Mittelmaß finden und Prioritäten setzen.

Störungen durch Lärm von außen

In der modernen technischen Welt sind Umweltgeräusche nahezu unvermeidlich. Seien es Autos oder Bahnen, Baumaschinen oder Küchengeräte der Nachbarn. Und selbst im abgelegensten Winkel der Welt durchqueren Jets dröhnend den Himmel. Wir können uns im Regelfall gar nicht in den ruhigen Schatten stiller Berghänge oder Höhlen zur Meditation zurückziehen. Was können wir tun?

Suchen Sie sich einen Platz oder ein Zimmer – in der Natur einen Ort – der Ihnen eine harmonische Ausstrahlung vermittelt. Das bezieht sich auf den Lärmpegel, aber auch auf die Stimmung, die »Seele« des Meditationsorts. Je wohler Sie sich an einem Platz fühlen, um so weniger werden objektiv vorhandene Störquellen Sie ablenken können, weil Sie mehr in sich selbst ruhen. Wählen Sie ruhigere Zeiten, wie den frühen Morgen oder den späten Abend zur Innenschau. Manche meiner Bekannten meditieren mit Ohropax in den Ohren oder tragen Ohrschützer, wie Sie auf Flughäfen verwendet werden. Ich habe das eine Zeitlang auch mit Erfolg ausprobiert und es inzwischen aber wieder abgelegt.

Wenn wir genau beobachten, stellen wir fest, dass wir uns um so gestörter von Außengeräuschen fühlen, je weniger wir auf den Gegenstand der Meditation hin gesammelt sind. Diese Bemerkung ist keineswegs banal. Wenn ich vom Ego her unzufrieden, gereizt, missgelaunt in die Meditation hineingehe und dann auch noch irgendein Egoproblem mit der Quelle des Geräuschs verbinde, wird die Störung naturgemäß sehr stark sein. Eine Möglichkeit, Lärm als Störquelle auszuschalten, ist also die richtige

Wahl des Ortes und der Zeit, eine andere liegt im Loslassen von Egoverhaftungen.

Abschweifen der Gedanken

Neben Schläfrigkeit ist das wohl eines der häufigsten Meditionsprobleme. In der »Wer bin ich?«-Meditation finden Sie einen Vorschlag, damit umzugehen. Neben der darin abgewandelten Suchfrage »Wer bin ich?« zu »Wer hat diese Gedanken?«, gibt es eine Reihe weiterer Hilfen. Sie können ein beliebiges »Mantra« mit der Zunge der Gedanken wiederholen, also innerlich, nicht hörbar, vor sich hinsprechen. Dieses Mantra kann z. B. »OM« oder »Om mani padme hum« lauten, oder die laufende Wiederholung Ihrer Meditationsfrage, ein christliches Herzensgebet wie »Herz Jesu, hilf« oder auch nur »Ru-he, Ru-he …« mit dem Ein- und Ausatmen gekoppelt. Als Übergangshilfe ist ein Mantra sicher oft wirkungsvoll und deshalb ratsam. Allerdings kann damit auch eine »Besetzung« des Bewusstseins einhergehen, die einer außengesteuerten suggestiv geführten Halbtrance gleichkommt. Ich selbst verwende Mantras deshalb sparsam.

Das beste Mittel, um abschweifende Gedanken wieder einzusammeln, ist die anfangs oft schwierige Gratwanderung zwischen Geschehenlassen der Abschweifung, damit man nicht ständig irgend etwas unterdrückt oder an sich mit Vorwürfen herummäkelt, und dann wieder geduldiger und humorvoll-pfiffiger Rückbesinnung auf den ursprünglichen Gegenstand der Meditation.

Gedankenüberflutung

Dies stellt eine Art von abschweifenden Gedanken dar. Wenn es sich um wirkliche Geistesblitze handelt, so notieren Sie diese kurz. Oft genug drückt sich die neu erschlossene Lebenskraft aus der Mitte in Einsichten aus, die sich auf unsere Arbeit, künstlerisches, schöpferisches Schaffen oder unsere Alltagsherausforderungen beziehen. Diese sind es dann wert, in einer Art Tagebuch festgehalten zu werden. Wenn Sie Sorge haben, sie am Ende der Meditation vergessen zu haben, schreiben Sie schnell ein paar Stichworte nieder. Hüten Sie sich jedoch vor einer neuen Versuchung, die daraus erwachsen kann: dass Ihr Gemüt Ihnen Ihre eigentlichen Meditationsziele durch ein Überangebot »wichtiger« und »geistreicher« Einfälle verstellt und die Zeit schnell um ist.

Wenn es um eine Überflutung mit unwichtigen Gedanken geht, kann ich Ihnen folgende Hinweise geben: Atmen Sie einige Male bewusst, ruhig und tief aus und geben Sie dabei Sorgen und Störungen mit der Ausatmung an die Erde ab. Sammeln Sie Ihre Aufmerksamkeit im Herzraum oder im Augenbrauenchakra, und stellen Sie sich ein klares, schönes Licht in einer Farbe vor, die Ihnen gefällt. Lassen Sie dieses Licht eine ganze Zeitlang strahlen und blicken oder spüren Sie immer in seine Mitte. Wenn sich Ihre Gedankenwelt dann wieder beruhigt hat, kehren Sie zu Ihrer ursprünglichen Meditationsform bzw. Ihrem Meditationsgegenstand zurück.

Schwindelgefühle (Siehe auch »Schweben«)

Eine spirituelle Ursache dafür kann sein, dass Sie beginnen, den Körper zu verlassen bzw. das Körperbewusstsein zu überschreiten, gleichzeitig aber noch nicht ganz im Körper loslassen können. Dadurch spürt ein Teil des Tagesbewusstseins, dass der Körper gefühllos und verlassen wird, und reagiert darauf mit Unsicherheit, Orientierungslosigkeit und eben Schwindel. Wenn Sie sich nicht auf einen Stuhl oder ein hohes Bett setzen, sondern auf eine Decke auf den Boden und den Rücken an der Wand anlehnen, oder wenn Sie sich auf Ihr Bett legen, dann können Sie sich sicher fühlen, nicht umzufallen oder herunterzufallen. Probieren Sie ruhig einmal aus, was »nach« dem Schwindel kommt. Sie werden oft völlig neue Ebenen betreten.

Wenn der Schwindelzustand allerdings körperlich und nicht spirituell bedingt ist, also durch körperliche Schwäche, zu wenig Flüssigkeit und Nahrung oder eine organische Krankheit, sollten Sie einen Heilkundigen aufsuchen, der sich auch mit Meditation auskennt.

Wenn der Schwindelzustand psychosomatische bzw. emotionale Gründe hat, zum Beispiel Realitätsflucht, Angst vor dem Alltag, Depressionen, übermäßige religiöse Schwärmerei und so fort, sollten Sie zunächst mehr körperlich betonte Yogaübungen durchführen oder Rat bei einem kompetenten Meditationsmeister oder einem seriösen Therapeuten suchen, der selbst auch über spirituelle Erfahrungen verfügt.

Atembeklemmung, Atemflattern

Das kann u.a. auftreten, wenn Sie Ihren Atem außerhalb seines natürlichen Rhythmus stark lenken wollen. Ich rate von allzu energischen »Pranayamas«, also künstlich regulierten Atemübungen ab, zumindest ohne dabei persönlich anwesender kompetenten Lehrperson.

Eine weitere Ursache kann Angst sein: Angst vor dem Alltag und vor dem Leben, die in der Zeit der vergleichsweisen Ruhe in der Meditation sich stärker bemerkbar macht. Es ist nur natürlich, dass wir in Zeiten der inneren Stille unmittelbarer mit wesentlichen Lebensfragen konfrontiert werden. Diesen Aspekt behandle ich an anderer Stelle ausführlicher. Wenn also Atemunruhe infolge von Angstzuständen auftritt, kann helfen, dass Sie die Augen öffnen und zwei bis drei Minuten ruhig, entspannt und tief atmen – ohne sich zu hetzen, ohne etwas zu wollen.

Prüfen Sie auch Ihre Motivation für die Meditation. Die Yogalehrerin Anneliese Harf pflegte uns daran zu erinnern, wie mehrfach erwähnt, dass unsere Motivation der beste Schutz für die Meditation selbst ist, sowohl für innere Erfahrungen wie für körperliche Zustände.

Körperzuckungen

Es ist ein völlig normales Durchgangsstadium, dass wir im Verlauf einer längeren Meditationspraxis erleben, dass plötzlich eine Hand oder ein Arm »hochfliegt«, dass ein Bein zuckt oder dass ein Zucken durch den ganzen Körper geht. Solche Zuckungen weisen darauf hin, dass sich Ihr Bewusstseinsstrom vom Körper zu lösen beginnt, aber dort wo diese Zuckungen stattfinden, noch »Schlacken« vorhanden sind, die das unmerkliche Zurückziehen des Körperbewusstseins verhindern, so dass sich das Bewusstsein ruckartig zurückzieht. Diese Schlacken in den Zellen bzw. Zellverbänden können sowohl materieller Natur sein (falsche Ernährung) wie emotionaler Natur (ungelöste Blockaden). Sie werden sich in dem Maße vermindern und schließlich ganz aufhören, wie wir uns einerseits naturgemäß ernähren, und uns andererseits für die geistigen Welten bewusst und ohne falsche Erwartungen oder Absichten öffnen. Mir ist noch kein Fall bekannt geworden, bei dem sich solche unwillkürlichen Körperzuckungen in der Meditation als medizinisches Problem erwiesen hätten. Manche Übungswege zielen übrigens sogar darauf ab, diese Art der Aufhebung der Schwerkräfte zu praktizieren, so dass Meister oder Meisterinnen dieser Wege buchstäblich schweben. Sie haben ihr Bewusstsein aus dem Körper herausgezogen. Von Teresa von Avila heißt es bekanntlich, dass sie in göttlichen Verzückungszuständen um die Säulen und unter dem Dach ihrer Kirche schwebte – was sie allerdings gar nicht mochte! Yoganandas Buch »Autobiographie eines Yogi« bringt eine Reihe von Beispielen aus neuerer Zeit für dieses Phänomen.

Alpvisionen, gespenstische Gestalten

Es kann passieren, dass Sie disharmonische Meditationserlebnisse haben, in Form von furchteinflößenden Gestalten, welche negative Energie ausstrahlen, oder in Form von Schreckensbildern und Visionen wie in Alpträumen. Ich kann in diesem Punkt nicht aus eigener Erfahrung sprechen, sondern muss mich auf das beziehen, was ich von anderen darüber gelernt habe.

Eine einfache und häufige Erklärung ist, dass Sie falsch und zuviel gegessen und getrunken haben (von Drogen ganz zu schweigen). So, wie zu reichliches und schweres Essen am Abend Alpträume verursachen kann, kann es auch zu schlechten Meditationserfahrungen führen. Probieren Sie also beim nächsten Mal aus, zwei Stunden vor der Meditation nichts mehr zu essen, höchstens einen oder zwei Äpfel, und nur klares Wasser oder leichten Kräutertee ohne medizinische Eigenwirkung zu trinken.

Eine zweite Ursache kann sein, dass Sie sich in Ihrer Gedankenwelt, in Büchern, Filmen, in der Phantasie und auch in der Motivation für Meditation, stark für Magie, geheimnisvolle Kräfte und Wesen aus dem Jenseits interessieren oder sich davon unwiderstehlich angezogen fühlen. Prüfen Sie dann bitte Ihre Motivation. Was möchten Sie vom Leben? Was möchten Sie dem Leben geben? Das Argument, auch die Schattenseiten gehörten zum Leben und müssten deshalb erfahren oder gar ausgekostet werden, zieht bei mir nicht! Wer die Schattenseiten sowohl körperlich, wie emotional-mental und spirituell erleben möchte, braucht sich nur an die Konzentrationslager zu erinnern, an Dantes Beschreibungen oder Hyronimus Boschs Bilder der Hölle, an die Leiden psychisch Kranker, um zu erkennen, wohin ein Ausleben von Schatten führt. Ich rede hier keiner Verdrängung das Wort!

Aber wenn etwas Negatives hochkommt, muss ich dem nicht noch mehr Energie und damit Lebenskraft geben, indem ich mich damit intensiv beschäftige. Die beste Weise des Umgangs mit solchen Kräften ist, sich auf Licht, auf Gott, auf das Selbst zu konzentrieren. Auch positiv geladene Mantras, wie »OM« oder »Herz Jesu, ich vertraue auf Dich«, helfen, wieder in die eigene Mitte zu gelangen.

Es kann auch passieren, dass negative Wesen in der Gestalt bekannter oder verehrter geistiger Führer auftreten und versuchen, Sie in irgendeiner Weise zu beeinflussen. In diesem Fall können

Sie diese Gestalten, deren Stimme Sie vielleicht nur hören, auffordern, vor Ihr inneres Auge zu treten. Dann schauen Sie dieser Gestalt in die Augen und fordern sie auf, Ihnen zu sagen, wer sie ist und ob diese Gestalt Sie zu Gott, zu Ihrem Selbst, zu Ihrer menschlichen Vervollkommnung, zu Ihren spirituellen Zielen führen wird oder nicht. Wenn Sie ein »Prüf-Mantra« haben, benutzen Sie dieses. Fragen Sie mindestens dreimal nach, ob diese Kraft von Gott kommt und für Sie positiv ist oder nicht. Negative astrale Kräfte operieren eher mit der Verführbarkeit unseres Gemüts als mit direktem, unmittelbarem Lug und Trug. Oft genug *wollen* wir uns etwas einbilden und geben damit solchen Gestalten erst *unsere* eigene Kraft, ihrem Treiben nachzugehen!

Schließlich gibt es natürlich auch Schreckensvisionen, die sich auf das äußere Leben beziehen und wahr sind, seien es Visionen von Unglücksfällen im privaten Bereich, seien es Visionen von globalen Katastrophen und Kriegen. Und es gibt Einblicke in düstere astrale Zwischenbereiche. Wenn Sie von solchen Visionen heimgesucht werden, helfen Gebete fast immer. Sie dürfen aber nicht an diesen Visionen festhalten wollen!

Aufsteigende Kundalini-Kraft
Feuergefühl im Rücken oder Kopf

Bei manchen Praktiken – *nicht* bei den in diesem Buch beschriebenen – kann es zum unkontrollierten Aufsteigen der Kundalini- oder Schlangen-Kraft kommen, die aus dem Basis- oder Wurzelchakra langsam oder schnell durch die Wirbelsäule nach oben steigt und heftige Reaktionen auslösen kann. Wenn dies zum Beispiel infolge von massiver Atemlenkung oder infolge von absichtsvoller Entwicklung bestimmter medialer Kräfte unkontrolliert geschieht, kann damit das Gefühl verbunden sein, wie von einem inneren Feuer verbrannt zu werden. Deshalb rate ich davon ab, mit solchen Praktiken herumzuspielen.

Sollten Sie in Ihrer Meditation eine solche oder eine ähnliche

Erfahrung machen, *ohne* dass einer der oben genannten Gründe dafür verantwortlich ist, so empfehle ich folgende alternativen Hilfen auszuprobieren: Trinken Sie einige Schlucke klaren Wassers mit etwas Zitronensaft darin. Nehmen Sie notfalls ein nur lauwarmes Bad mit Meersalz oder Apfelessig darin. Bewegen Sie sich körperlich oder machen Sie Gymnastikübungen. Bitten Sie einen Freund, mit den flachen Fingern einer Hand kräftig, aber nicht brutal, von oben auf Ihren Hinterkopf zu »schlagen«. Das hilft manches Mal, die aufgestiegene Kundalini-Kraft wieder nach unten zu schicken. Und erneut werden aufrichtige Gebete ihre positiven Wirkungen nicht versagen. Wenn das Problem infolge einer medialen Beschäftigung mit Jenseitsebenen, zum Beispiel durch Séancen oder »Channeln« auftritt, müssen Sie sich wohl oder übel entscheiden, welchen Weg Sie weiter einschlagen wollen.

Erdstrahlen, Umweltbelastungen

Es ist inzwischen nicht mehr bestrittenes Allgemeinwissen, das auch von Naturwissenschaftlern bestätigt wird, dass es Erdstrahlen, Strahlengitter, Kraftlinien, Austrahlung unterirdischer Wasseradern usw. gibt. Man nennt das auch geopathologische Energien. Sie beeinflussen nicht nur die physische Gesundheit, sondern auch das emotionale Wohlbefinden und können sich durchaus auch auf Meditation auswirken. Wenn wir einmal zu unserer Mitte gefunden haben, bzw. richtiger: wenn wir uns einmal als bewusstes Sein erkannt haben, spielen diese eher niedrigeren Energien keine Rolle mehr. Bis dahin macht es aber schon Sinn, sich um Schutz vor solchen Kräften zu kümmern, wenn man spürt, dass sie im eigenen Lebensumfeld sehr virulent sind. An dieser Stelle kann ich auf dieses sehr komplexe Gebiet nicht ausführlich eingehen. Die meisten sogenannten Schutzgeräte sind jedoch unwirksam und unnütz. Reine, unbehandelte Korkabschirmmatten haben sich bewährt. Zu empfehlen sind auch Sitzunterlagen aus 100 % Schaf- oder Lamawolle; auch Bienenwaben oder eine ausgerollte reine

Bienenwachskerze schirmen bestimmte Störfrequenzen ab. Übrigens: Es gibt selbstverständlich auch positive, heilende und Inspiration vermittelnde »Erdstrahlen«, zum Beispiel an frühen keltischen Kultplätzen oder unter bestimmten Kirchen.

Was Umweltbelastungen betrifft, wie verschmutzte Atemluft, schlechtes Trinkwasser oder tote Nahrungsmittel, kann ich Ihnen leider nichts anderes raten, als Ihrem Geldbeutel entsprechend die bestmögliche Lebensmittelqualität einzukaufen, zum Beispiel in Naturkostläden und – falls das Ihr Kassenstand erlaubt – Urlaub in möglichst menschenleeren Gegenden zu machen, zum Beispiel in Skandinavien, Schottland, in der Osttürkei oder außerhalb der Saison in den Alpen, in der Eifel und der Rhön.

Damit aber jedes Missverständnis vermieden sei, betone ich: Erdstrahlen und Umweltbelastungen gehören *nicht* zu den vorrangigsten Meditationsproblemen.

Erwartungsdruck, Leistungszwang

Tun Sie sich selbst einen großen Gefallen, erwarten Sie *nichts* von Ihren Meditationen, setzen Sie sich nicht unter irgendeinen Leistungsdruck. Das ist natürlich ein schwer verdauliches Paradox: Einerseits empfehle ich Ihnen zu meditieren, um neue Lebenskraft aus der eigenen Mitte zu gewinnen, um Probleme zu lösen, kreativer zu werden, neue Bewusstseinsebenen zu erschließen und so fort, und gleichzeitig warne ich Sie vor irgendwelchen Erwartungen.

Die »erfolgreichsten« Meditationen sind solche, in denen wir uns ganz bereit machen und bereit sind, eine numinose Energie aus einer zunächst unbekannten Kraftquelle in und durch uns strömen zu lassen, in denen wir wach und bewusst nach innen schauen und hören und spüren und doch gleichzeitig nichts wollen, schon gar nicht etwas zu »machen«. Diese Einstellung scheint unserem modernen Leistungsdenken zu widersprechen, das auf der vermeintlichen Omnipotenz des menschlichen Wissens aufgebaut ist, »Wo ein Wille ist, ist auch ein Weg«. Wenn wir uns auf kosmische Kräfte einstellen möchten, bedarf es dazu mehr als nur unseres Willens: Wir müssen uns darauf vorbereiten, den Willen des Kosmos, den Schöpferwillen, den Willen des Lebens in uns einfließen zu lassen! Solange wir im Egowillen verhaftet sind, können wir nicht über die Grenzen des Egos hinaus. Eigentlich ganz einfach, nicht wahr? Es ist eine gute Übung, nach »gelungenen« Meditationen der höheren Kraft zu danken für die inneren Gaben, Geschenke oder Offenbarungen. Für das Alltagsleben können wir es mit großer Freude ebenso halten, ob wir nun »Gott« danken, dem »Leben« oder unserem »Selbst«. Natürlich sind wir in Wirklichkeit nicht davon getrennt, solange wir uns aber hier getrennt als Körperwesen und dort die Schöpferkraft anschauen, hilft schlichter, aufrichtiger und auch nur stiller, nicht zur Schau gestellter Dank, um uns weiter für geistige Dimensionen zu öffnen.

Unlust, Motivationsmangel

Zwingen Sie sich nicht zur Meditation, nur um irgendwelchen »moralischen« Verpflichtungen nachzukommen. Meditieren Sie lieber kürzer und fröhlicher als länger und missmutiger. Für mich gehört es zu den besten Motivierungen zu meditieren, mich ganz sachlich daran zu erinnern, was in meinem auf vielleicht fünfzig oder sechzig oder siebzig Jahren angelegten körperlichen Leben wichtig ist. »Was ist für mein Leben wirklich wichtig?« Stellen Sie sich diese Frage ganz ehrlich, und warten Sie auf die Antworten von innen. Schreiben Sie die Antworten auf und überprüfen Sie diese nach einigen Tagen wieder. Und dann halten Sie sich einfach eine Zeit lang an ihre eigene Prioritätenliste.

Es könnte auch sein, dass Sie noch nicht zu der Ihnen derzeit gemäßen Meditationsform gefunden haben oder versucht haben, Anleitungen zu befolgen, die trocken oder dogmatisch oder zu schwierig sind. Dann finden Sie in diesem Handbuch hoffentlich brauchbare Alternativen.

19. Besondere Erfahrungen in der Meditation und ihre Bedeutung

Natürlich ist es gar nicht möglich, eine annähernd vollständige Übersicht zu diesem Thema zu geben. Ich kann nur manche wichtigen Punkte kurz anreißen oder skizzieren. Das ist dennoch sinnvoll, weil viele Menschen im Westen, vor allem wenn wir mit Meditation beginnen, eine Fülle von Erlebnissen haben, die wir irgendwie einordnen möchten. Mit dieser wichtigen Einschränkung biete ich Ihnen die folgenden Hinweise an:

Licht, Farben

Licht, anfangs vielleicht nur Nebelschwaden, vielleicht gelbe Lichtringe mit dunkelblauen Tunneln darin, Funken, weiches weites Licht, strahlendes Licht, Farben in allen vorstellbaren und »überirdischen« Schattierungen gehören zu häufigen Meditationserfahrungen. Sie zeigen an, dass wir fähig sind, mit einem Teil unseres Bewusstseins in andere Dimensionen zu blicken. Blaues Licht soll für spirituelle Liebe stehen; grünes Licht für Heilung; gelbes Licht für mentale Intuition; rotes oder rötliches Licht für starke Kreativität; weißes Licht für Reinheit; goldenes Licht für göttliche Gnade. Siehe auch Meditationsanleitung mit dem inneren Licht im Abschnitt »Das sechste Chakra«. Es kann sein, dass wir so etwas wie einen Ring, eine Scheibe oder einen Tunnel sehen. Wenn wir unverwandt in deren Mitte schauen und dabei einen Namen Gottes (zur Festigung der Innenschau und als Führung und Schutz) mental wiederholen, kann Licht näher kommen, stetiger werden, aufbrechen und uns den Blick hindurch in eine andere Dimension freigeben. Diese »Technik« aus dem Surat Shabd Yoga gilt auch für Sonne, Mond, Sterne oder Lichtfunken, die wir vielleicht innen sehen.

In einem Fernsehinterview mit dem Meditationslehrer Sant Maharaji Rajinder Singh nannte dieser mir die markanten Lichter und Töne, an denen sich die Hauptebenen erkennen lassen.

- Ebene: Licht wie von Tausend Kerzen; Klang von Glocken oder Muschelhorn
- Ebene: Licht wie von einer strahlend hellen roten Sonne; Trommelklang oder Donner
- Ebene: Licht eines enorm hellen Vollmondes; Violinenklang
- Ebene: Weißes, sehr hell strahlendes Licht wie von vielen Mittagssonnen; Flötenklang
- Ebene: Unbeschreiblich helles Licht, das voller Liebe ist; Klang des Dudelsacks bzw. der Veena.

Töne, Geräusche, Klänge

Es ist völlig normal, dass wir nicht nur inneres Licht aus den geistigen Welten wahrnehmen, sondern auch die sogenannten Sphärenklänge. Rajinder Singh hat erklärt, dass Licht und Ton zwei Ausdrucksformen einer einzigen Urkraft sind, je nach Dichte der Ebene, auf der wir uns befinden, nehmen wir die Klänge und Lichter unterschiedlich wahr. Er hat dazu das Beispiel vom Geräusch eines Stockes gebracht, mit dem man aufs Wasser, auf ein Metall oder durch die Luft schlägt. Das Geräusch wird immer anders sein; der Stock und die Energie der Hand, die den Stock führt, bleibt gleich. Die Meister des Surat Shabd Yoga machen darauf aufmerksam, dass man nur auf die Geräusche bzw. Töne hören soll, die von rechts oder oben zu kommen scheinen, weil sie uns zur Schöpferkraft hinziehen. Die von links hörbaren Geräusche oder Töne führen in die Vielfalt der Schöpfung hinaus und damit von der Quelle fort. »Nadi Yoga«, das Hören auf die »Musik der Sphären« bzw. die »Stimme der Stille« ist ein besonderer Yogaweg. Wenn Sie Stimmen hören, nehmen Sie diese bitte *nicht* an, bis sich die Urheber dieser Stimme vor Ihrem inneren Auge gezeigt und legitimiert haben. Prüfen Sie gründlich solche und andere innere Erscheinungen, ehe Sie sich möglicherweise vorschnell über vermeintliche »göttliche Gunstbeweise« freuen, die sich später als astrale Sackgassen erweisen könnten. Einerseits bildet die eigene Motivation einen Schutz, wie wir es bei Anneliese Harf gelernt haben. Andererseits kann man einen Namen Gottes gedanklich »hinein« in die Lichterscheinung oder die Gestalt wiederholen, die sich auflösen werden, wenn sie nicht zu Gott bzw. zur höchsten Wahrheit führen. Von Meistern kraftgeladene Mantras sind dabei besonders wirksam und zuverlässig.

Schweben, Fahrstuhlgefühl

In dem Maße, in dem Sie sich auf geistige Ebenen einlassen, lösen sich körperliche Grenzen auf. Das führt häufig zu einem Gefühl des Schwebens oder zum »Fahrstuhlgefühl«, als ob Sie gleichzeitig sowohl nach oben wie nach unten fahren oder schweben. Ich empfand das nie als unangenehm, sondern eher als amüsant. Wenn Sie sich genügend auf Ihren Meditationsgegenstand konzentrieren, ohne sich dabei zu verspannen, geht dieses Gefühl auch bald wieder vorbei.

Wohlgerüche

Vielleicht haben Sie das auch schon erlebt, dass Sie sich zur Meditation hingesetzt haben und plötzlich meinen, es stünden Blumen im Raum, die Wohlgerüche verströmen, oder ein Räucherstäbchen würde glimmen. Ähnlich, wie Licht und Klang Zeichen höherer Kräfte darstellen, gilt dies auch für Düfte. Manche empfinden Lavendel und Rose, andere vielleicht Jasmin oder Veilchen, wieder andere Sandelholz oder Moschus.

Windhauch, leichte Brisen

Auch dies sind Signale dafür, dass Energien aus anderen Welten zu uns herüberwehen. Oft genug bin ich anfangs aufgestanden und habe nachgeschaut, ob Türen und Fenster geschlossen oder offen sind, wenn wieder einmal ein angenehmer Wind um mein Gesicht und die Hände fächelte.

Gefühlsausbrüche, Weinen

Wundern Sie sich bitte nicht, wenn Ihnen ganz unwillkürlich Tränen in der Meditation herunterlaufen oder Sie sogar heftig zu weinen beginnen. Ich war mir nicht ganz sicher, ob ich diese Erscheinung unter »Schwierigkeiten« oder unter »Besondere Erscheinungen« behandeln sollte. Meditation geht immer mit einer Entspannung einher. Körperliche und seelische Entspannung führt auch zur Lösung von Blockaden, die mit der Lymphflüssigkeit der Tränen ausgeschieden werden.

Spirituelle Erhebung löst ebenfalls bisweilen ein »Weinen der Seele« aus. Selbst wenn Sie sonst nichts Spezielles in der Meditation erlebt haben, sind unwillkürliche Tränen ein Zeichen für ein erstes Eintauchen in die geistige Welt.

Erotische Gefühle

Auch das gibt es, und zwar nicht etwa selten. Wenn wir meditieren, wird die Prana-Kraft oder Lebenskraft belebt. Diese Kraft, auch als Kundalinikraft bekannt, fließt in alle Kraftzentren. Zentren oder Chakras, in denen ungelöste Energie- und Gemütsblockaden vorhanden sind, reagieren darauf. Erotische Gefühle in der Meditation können die Folge solcher feinstofflicher Anregungen sein. Es gibt auch eine andere Auslösung. In der Meditation werden schöpferische Energien frei, sexuell-erotische Kräfte sind ebenfalls Ausdrucksformen dieser schöpferischen Energien. Also ist es ganz natürlich, dass sich diese Kräfte auch in erotischen Gefühlen bemerkbar machen. Manche asketischen Traditionen vertreten die Ansicht, dass darin »Versuchungen« des Gemüts stecken, unsere schöpferischen Kräfte sinnlos in niederen Freuden zu verschleudern, anstatt sie zu sammeln. Ich stimme dieser Auffassung nicht zu, überlasse es aber natürlich Ihnen selbst, sich ein eigenes Urteil zu bilden.

Geistesblitze, Einsichten

Es ist nichts Ungewöhnliches, dass Sie wirklich blitzartige Einblicke in Probleme oder Zusammenhänge in der Meditation gewinnen. Seien Sie dafür dankbar. Aber prüfen Sie auch mit Ihrem Tagesbewusstsein, ob das, was Sie innerlich erfahren haben, auch den äußeren irdischen Alltagsbedingungen standhält oder eher eine rein geistige, nicht unbedingt realisierbare Einsicht darstellt. Machen Sie Notizen, aber lassen Sie sich nicht durch die Freude über eine kleine Einsicht aus der Ruhe und damit um die Chance bringen, noch tiefer gehende Einsichten zu gewinnen.

Formen, Muster, Szenerien

Zu typischen, oft farbigen, geometrischen Mustern, gehören Dreiecke, Kreise, Ringe, Quader, Kristallkörper, Landschaften, Meere, Welten, auch »unirdische« Gebäude wie Phantasieschlösser aus Edelsteinen und Perlen usw. Ihre symbolische Bedeutung kann man nur von Fall zu Fall individuell erschließen. Sie selbst können dies tun, wenn es wirklich wichtig ist, indem Sie in Ihr Erleben eine Fragemeditation einfügen. Allerdings könnte dies Ihre Aufmerksamkeit und Sammlung soweit ablenken, dass Ihnen solche Szenen wieder verloren gehen. Erinnern Sie sich auch bei den schönsten Erlebnissen immer daran, dass Sie nicht voreilig etwas für den höchsten Himmel halten, was sich vielleicht später ebenfalls als ein Durchgangsstadium entpuppt.

Gestalten

Manche Menschen sehen Gestalten – Lichtgestalten, Engel oder andere Wesen aus unterschiedlichen geistigen Sphären. Der Vorteil, von einem lebenden kompetenten Meditationsmeister auf den Weg nach innen gestellt, das heißt initiiert worden zu sein, besteht unter anderem darin, dass wir auch innen erkennen und prüfen können, wer es ist, der uns dort begegnet. Mantras, Herzensgebete oder andere »Prüfsteine« sind ebenfalls geeignet, sicherer zu werden, wen man trifft. Dass unsere Motivation für die Meditation mit der beste Schutz ist, hatte ich schon an anderer Stelle erwähnt. Meist sind wir so von der Tatsache überwältigt und fühlen uns in höchstem Maße gesegnet, dass wir überhaupt innere Lichtgestalten erblicken, dass wir der Frage, wer sie sind und was sie uns nutzen können, nicht mehr allzu viel Bedeutung beimessen. Es tut mir leid, wenn ich für manche Leserinnen und Leser mit diesen Worten einige Wermutstropfen in den süßen Nektar ihrer Meditationen gieße, aber echte geistige Lehrer werden es nie übel nehmen, wenn wir auf dem Weg zur Mitte, der ja schwieriger ist als die noch so abenteuerliche Reise in den Dschungel eines noch nicht entdeckten Kontinentes, wenn wir also auf dieser Reise mehr Wissen und Sicherheit darüber erbitten, wer sie sind und was sie für uns tun wollen oder können. Falsche oder inkompetente Lehrer werden solche Bitten bzw. Fragen als kindische Besserwisserei abtun wollen oder Ausflüchte suchen. Ich halte mich persönlich da lieber an den Bibelspruch: »Was nützte es dem Menschen, wenn er die ganze Welt gewönne und nähme doch Schaden an seiner Seele«. Oder denken Sie an den Zweizeiler von Angelus Silesius aus dem *Cherubinischen Wandersmann*: »Du reisest, vielerlei zu seh'n und auszuspäh'n. Hast du nicht Gott erblickt, so hast du nichts geseh'n.« Setzen Sie sich also nicht zu niedrige Ziele und lassen Sie sich nicht zum Werkzeug oder gar blindgläubigen Anhänger einer niedrigeren Kraft oder Gestalt als jener Gottes machen.

Himmelslichter

Sonnen in verschiedenen Färbungen, Mond, kleine und große Sterne, der gesamte Makrokosmos der Schöpfung ist im Mikrokosmos Mensch »versteckt« und über Meditation zugänglich. Manche Himmelslichter sind sozusagen Wegmarken auf dem inneren Weg (siehe auch das Stichwort Licht und Farben). Der Islam spricht davon, dass der Prophet Mohammed durch den gestirnten Himmel geflogen sei und den Mond »entzwei geschlagen« habe, und ihm dann in der nächsten, höheren Ebene der Erzengel Gabriel begegnet sei, der ihm den Koran als Gotteswort übermittelt habe. Es gibt sowohl einen äußeren wie eben auch einen inneren Kosmos!

Überschreiten des Körperbewusstseins, Körperaustritt

Ein Ziel der spirituellen Meditation beruht darin, sich zeitweise vom begrenzten Körperbewusstsein und den Schichten des Alltagsbewusstseins, des Unterbewusstseins und des Unbewussten auf natürliche Weise zu lösen, um offen zu werden für das höhere Bewusstsein und wesentliche geistige Dimensionen. Die Sinnesorgane und die Fähigkeiten des Gehirns, unsere Gefühle und Gedanken, das alles sind wertvolle Hilfsmittel des sensiblen Ausdrucks und wunderbare Werkzeuge der schöpferischen Gestaltungskraft unseres bewussten Seins. Aber die Schöpfung ist mehr, unsere Seele ist mehr, unser Leben umfasst mehr als nur diese irdische Dimension von Raum und Zeit. Natürlich haben wir unter manchen Umständen vor dem Körperaustritt auch Angst. Wer verlässt schon gern seinen Körper, falls damit »Sterbegefühle« verbunden sein sollten? Aber so sicher wie das sprichwörtliche Amen in der Kirche steht fest, dass wir eines Tages diesen Körper ablegen werden. Wäre es nicht besser, dies jetzt schon zu üben? Wenn sich also bei Ihnen Erfahrungen einstellen, zum Beispiel als ob Sie durch einen Tunnel hindurch in ein fernes Licht ziehen oder gezogen werden, oder als ob Sie aus Ihrem Körper »aussteigen«, so ist dies nichts Negatives oder Besorgniserregendes, sondern ein wünschenswerter Vorgang. Verständliches Unbehagen lässt sich vermeiden durch entsprechende konzentrierte Ausrichtung auf Gott oder auf ein Schutzmantra.

Ich-Loslösung

Genauso schwierig, wie das Körperbewusstsein zu erweitern ist es, unser Ich loszulassen. Und wenn dies dann ansatzweise in der Meditation geschieht, kann es vorkommen, dass wir uns wie aufgelöst empfinden. Ich bin kein kompetenter Meditationsmeister und kann Ihnen deshalb keine letztgültigen Antworten zu diesem Thema geben. Aus eigener Erfahrung weiß ich nur, dass solche Erlebnisse bei manchen Menschen Sorgen auslösen und deshalb bin ich der Meinung, dass eine gesunde Erdung im Alltagsleben und die Abkehr von Schwärmereien und der Neigung, zuviel in erhoffte oder vermutete, aber noch nicht praktisch bereiste und erkannte, spirituelle Ebenen hineinzugeheimnissen, ein guter Schutz ist.

Kräfte

Unvermeidlich werden sich mit der Zeit mediale Kräfte bemerkbar machen, wenn Sie längere Zeit meditieren und sich für das ganze Leben offen halten. Ob Ihnen nun die Arbeit leichter von der Hand geht, oder die Herzen, Gefühle und Gedanken der Menschen immer häufiger wie offen vor Ihnen liegen, oder Sie Heilkräfte in sich spüren – von medialen Kräften wie Telepathie, Hellsehen und Hellhören, Bilokation, und so fort einmal ganz abgesehen: Meditation verändert den Menschen innerlich und äußerlich (bis hin zur buchstäblichen Verschönerung und Verjüngung Ihrer Gesichtszüge!). Gieren Sie nicht nach Kräften, setzen Sie sie – wenn überhaupt – sparsam und sinnvoll ein, machen Sie sich nicht zum Sklaven von noch so wundersamen und eindrucksvollen Kräften. Solange wir noch nicht bewusst eins mit der Schöpferkraft sind, steht das Risiko 99,9 % zu 0,1 %, dass wir übernatürliche Kräfte falsch gebrauchen. Wir haben ja im Regelfall noch nicht einmal die uns jahrelang vertrauten Kräfte des Körpers, des Gemüts und des Verstandes im Griff – man sehe sich Leid und Not und Krieg und Streit in den Familien und in der Welt nur an. Wie sollen wir da einigermaßen sicher sein, die uns noch praktisch völlig neuen astralen Energien richtig handhaben zu können?

20. Aus der Stille wächst die Kraft: Stillemeditationen

Bei den Dreharbeiten zu meinem Terra X-Film für das ZDF über die Anasazi-Indianer und ihren Hauptsiedlungsplatz Chaco Canyon in New Mexico sind wir oft sehr früh am Morgen, um drei Uhr etwa, aufgestanden, um nach einer längeren Anfahrt über Schotterstraßen in teilweise klirrender Kälte unsere Filmgeräte aufzubauen. Wir wollten die Mystik der Sonnenaufgänge im Land der Anasazi nordwestlich von Santa Fe miterleben und den Zuschauern nahebringen. Ein Freund, der sensible Kameramann Hermann Engel, erinnerte uns immer wieder daran, auf die Stille zu lauschen. In diesen frühen Morgenstunden in einer fast menschenleeren unbesiedelten Ecke unseres Planeten haben wir äußere Stille erfahren dürfen. Industrie gibt es dort nicht, Zivilisationslärm deshalb auch nicht. Weder Autogeräusche noch Maschinen und auch keine Flugzeuge stören die Stille der Natur. Um diese Tageszeit rührt sich auch die Tierwelt der Hochsteppe noch nicht, man hört noch keine ersten Vogelrufe oder das Heulen der Cojoten.

In Indien, in der Türkei, in Mexiko und Guatemala zum Beispiel habe ich diese Stille nie so erleben können – von Mitteleuropa ganz zu schweigen. Das Schweigen der Erde, unter einem Himmel, der weder Licht noch Dunkel ist, ist beredt. Es schwingt, ohne zu tönen. Es besänftigt, ohne sich bemerkbar zu machen. Es gibt nichts zu tun, nichts zu hoffen, nichts zu fürchten. Wir *sind* – *wir dürfen einfach Sein!*

Ohne es genau bestimmen oder beschreiben zu können, fühlten wir uns hinterher immer eine längere Zeit innerlich sicher und äußerlich ruhig. Wer die Natur liebt und ähnliche Erfahrungen gemacht hat, wird diese Gefühle sicher bestätigen können. Die Stille »trägt«, ohne dass wir wissen, was und warum und wozu sie trägt.

Ähnliche, aber nicht gleiche, Erlebnisse hatten wir in der Nacht, beim Dämmerlicht zwischen Tag und Nacht. Ein orangeroter Abendhorizont glühte noch von der untergehenden Sonne und verlief in den allerfeinsten Schattierungen wie ein Aquarellbild, allmählich nach oben ins Türkise und bis hin ins Nachtblaue, in dem ein weißer Mond und die Venus als heller Abendstern vom Rhythmus des Erdenlebens kündeten. Nicht lange, und das Nachtblau wandelte sich in ein Tiefschwarz mit einem, in Europa wegen der Umwelt und vor allem Luftverschmutzung unbekannten, funkelnden Sternenfirmament. Die Stille der Nacht wird bewegt vom Funkeln der Sterne, die Stille der Nacht klingt durch sie hindurch.

Jede Gelegenheit, Stille in der Natur wahrzunehmen, sollten Sie nutzen. Es gibt kaum etwas so subtil und umfassend Heilsames wie eine solche Stille. Manchmal vermittelt sich die Kraft äußerer Stille auch an alten heiligen Plätzen oder an heiligen Bauten, die nicht von Tourismus, Kommerz oder Eklusivdogmen heimgesucht werden (oder worden waren). Die Abbaye de Senanque in der Vaucluse ist für mich ein solcher Ort; immer mal wieder auch der Marienheilgarten neben der Pfarrkirche in Großgmain bei Salzburg. Sicher kennen Sie selber einige solcher Plätze.

Auch die Betrachtung von manchen Bildern alter Meister oder bestimmte Mandalas vermitteln äußere Stille und stellen so eine Brücke für die Stille des Geistes dar. Ich habe die äußere Stille vorangestellt, weil sie uns eine Hilfe sein kann, zur inneren Stille zu finden.

Auch bei uns in Europa können wir zumindest mehr in die äußere Stille gehen, als vielen bewusst ist. Wir können damit anfangen, Fernseher, Radio und Kassettenrekorder nur dann laufen zu lassen, wenn wir etwas ganz Bestimmtes wirklich hören bzw. sehen wollen, und diese Geräte sonst immer gleich wieder auszuschalten. Auch andere technische Geräte – Staubsauger, Spülmaschine, Computer und so fort – können wir bewusster, das heißt weniger häufig, laufen lassen. Autos und Gartenmaschinen ohnehin. Joachim-Ernst Behrendt hatte mit seiner Arbeit und seinen Büchern (u. a. »Ich höre, also bin ich«) eine neue bewusste Hörkultur und damit auch Kultur der Stille entscheidend gefördert. Die äußere Stille fördert die innere Stille. Die innen gewonnene Stille bleibt auch still, wenn es außen laut ist. Das Wesen der Stille ist bewusstes Sein, ohne von den wechselhaften Bildern des Lebens berührt werden. Bleibe ich innerlich still, wenn ich diese Gedanken zum Ausdruck bringe und gleichzeitig jemand hereinkommt und von mir etwas möchte?

Das Ziel von Stille ist Öffnung für das Wesentliche, für die überpersönliche Lebenskraft der Mitte. Silesius' Wort klingt an: »Mensch, werde wesentlich.«

Die Beruhigung der Gedanken, die Gelassenheit der Gefühle, nicht etwa die Unempfindlichkeit oder gar Hartherzigkeit gegenüber dem Leben und die erwartungslose Sammlung gehören zur Stille. Wunschlosigkeit ist ein weiteres Element – selbst der Wunsch, vollkommen oder erleuchtet oder heilig zu werden oder zu sein führt heraus aus der Stille.

Kann es »Übungen« zur Stille geben? Sind Übungen nicht wiederum eine Aufforderung zum Tun, zur Geschäftigkeit, zum Wollen, zum Streben? Alles kann Hilfe und alles kann Hindernis sein. Es kommt darauf an, wie unser Bewusstsein ausgerichtet ist. Manche Menschen bekommen Angst, wenn es heißt, dass sie für zehn Minuten die Augen schließen, nichts tun und nur still sitzen oder liegen sollen. Andere dagegen sind dankbar dafür, endlich einen »Vorwand« zu bekommen, alle Lasten und Sorgen loszulassen und sich in das schätzende Dunkel der Stille fallen zu lassen.

Übung Innere Stille (Dauer beliebig)

– Eine einfache äußere Vorbereitung zur inneren Stille ist das bewusste Hören auf möglichst *alle Ge*räusche, die früh morgens oder spät nachts noch zu hören sind und seien sie noch so geringfügig. Das schult das Gehör und die Aufmerksamkeit und Sie werden überrascht sein, wie viele Töne, Geräusche und Klänge noch in der vermeintlichen absoluten Stille zu hören sind.

Stille, die uns trägt, ist die Ruhe des Herzens und der Frieden der Seele. Das ist die Stille des echten Gottvertrauens oder des tiefen Vertrauens in unser Selbst, in das Leben an sich. Loslassen von Wünschen ist dazu, wie der Buddha lehrte, ein guter Weg, vielleicht sogar die größte Hilfe.

Noch einmal Angelus Silesius: »Geschäftig sein ist gut, viel besser aber beten; noch besser: stumm und still vor Gott, den Herren treten.«

21. Die große Verheißung – Meditationen über den Tod

Ein schwieriges Kapitel, ein delikates Thema. Wie könnte man suchen, etwas »Letztgültiges« zu sagen. Sie werden die Berichte über Nahtoderlebnisse oder Erfahrungen von Menschen, die als klinisch tot galten, gelesen oder davon gehört haben. Dabei geht es dann um das Leben nach dem Tod oder das Leben nach dem Leben.

Leben nach dem Tod

Diese Berichte stimmen insoweit mit Meditationserfahrungen aus anderen Ebenen überein, als hier wie dort von dunklen Tunneln erzählt wird. An deren Ende gehen die Seelen in unterschiedlich strahlendes Licht, begegnen zuweilen Lichtgestalten, mitunter lieben Menschen, denen sie sich verbunden fühlten und die vor ihnen den physischen Körper verlassen haben, oder auch Geistführern, die ihnen weiterhelfen; sie sehen wunderschöne Landschaften und fühlen eine auf Erden nie gekannte Harmonie in sich und um sich.

Manche berichten davon – sowohl bei Nahtoderlebnissen nach Unfällen oder Operationen, wie in der Meditation und manchmal auch im Traum –, dass sie ihren Körper liegen sahen, während sie gleichzeitig diese Szenen aus anderen Dimensionen wahrnahmen.

Ähnliche Berichte gibt es eigentlich auch von sogenannten Rückführungen, wenn nach den Erlebnissen *nach* einem physischen Tod in einem früheren Leben geforscht wurde. Inzwischen gibt es eine wunderbare Fülle von Büchern, die Mut machen, die uns das »Stirb und Werde« voller Zuversicht annehmen und gestalten lassen.

Dennoch: Wir *wissen* nur wenig, so viel wir *glauben oder* spüren mögen. Was wir wissen, sollte allerdings ausreichen als Impuls, um sich mit dem Tod in einer angemessenen Weise auseinanderzusetzen. Wir wissen nämlich, dass wir *alle* eines Tages unseren Körper ablegen werden (müssen). Also ist es sinnvoll, sich damit zu beschäftigen, was »danach« kommt. Wenn wir in ein fremdes Land fliegen, ohne vorher die dort herrschende Sprache wenigstens in Ansätzen gelernt zu haben, wird die Tatsache, dass wir dort auf einem Flughafen landen, uns keineswegs auf magische Weise dazu verhelfen, diese Sprache plötzlich sprechen zu können.

Erneut heißt es, eine Balance zu finden zwischen der notwendigen Auseinandersetzung mit Tod und Sterben und einer Gelassenheit im Umgang damit, die alles Neurotische von vorneherein vermeidet. Wenn wir schon nichts daran ändern können (und womöglich auch gar nicht wollen), dass wir den Körper eines Tages abstreifen, so ist es doch nützlich, die Art und Weise und die Gemütsreaktionen darauf selber bewusst mitzubestimmen und mitzuerleben.

Umgang mit Sterben und Tod

Viele werden schon von Elisabeth Kübler-Ross gehört haben. Ihre Sterbehilfe für Erwachsene und vor allem für Kinder wird in einer Reihe von Büchern dokumentiert, die allesamt sehr empfehlenswert sind. Es sind Dokumente tiefer menschlicher Wärme und großen Verständnisses. Das »Tibetische Totenbuch« ist ein Leitfaden, der auf sehr esoterische Weise übrigens, helfen soll, die Seele vom Moment des Sterbens an in die höchstmögliche Bewusstseinsregion zur weiteren Vervollkommnung zu führen. Auch das »Ägyptische Totenbuch« und das der Mayas dient demselben Zweck. Sie werden auch von sogenannten Jenseitskontakten mit den Seelen körperlich Verstorbener gehört haben.

Es geht letztlich jedoch um uns. Wollen wir bewusst gehen? Können wir uns überhaupt vorstellen, dass das möglich ist? Oder wollen wir lieber »einschlafen«? Große Geister kennen die Stunde ihres Weggangs und bereiten sich darauf vor. Viele Tiere übrigens auch! Es scheint in uns, wenn wir einigermaßen wach sind, so etwas wie eine innere Ahnung zu geben; bei manchen Menschen sogar ein sicheres Wissen.

Ramana Maharshi wurde kurz vor seinem Weggang 1950 gefragt, ob er sehr unter den Schmerzen eines Tumors am Arm leide, da er sich nie Schmerzen anmerken ließ. Er hat darauf geantwortet, dass auch ihm Schmerzen nicht fremd seien, er aber *wisse,* dass er nicht der Körper *sei,* sondern ihn nur zeitweise *habe.* Als seine Schüler später angesichts des bevorstehenden Tods weinten und ihn fragten, was sie denn ohne ihn ganz allein machen sollten, antwortete Ramana: »Wohin soll ich denn gehen, wo ich nicht jetzt schon bin?«

Ähnliches wird aus den letzten physischen Lebensjahren des großen Mystikers Sant Darshan Singh berichtet, der seinen Körper im Mai 1989 verließ. Er litt körperlich schwer. Wenn immer er aber eine Aufgabe erfüllen musste oder wollte – eine religiöse Ansprache zum Beispiel, einen Krankenbesuch, eine Meditationsanweisung, ein Gespräch über Friedensinitiativen oder soziale Hilfsprogramme – fuhr wie aus heiterem Himmel ein Blitz übernatürlicher Lebenskraft in ihn ein und er widmete sich diesen Aufgaben mit solcher Hingabe, Konzentration, Liebe und Güte, dass kein normaler Beobachter irgendein Leiden vermuten konnte. Auch er wusste lange vor seinem Weggang, wann er diese Dimension verlassen würde und traf – teils im Stillen, teils offen – genaue Vorbereitungen, damit sein Weggang keinerlei unbillige Schmerzen oder Probleme aufwerfen würde.

Vermutlich kennen Sie selbst in Ihrer Familie oder Bekanntschaft den einen oder anderen Menschen, der ebenfalls mit quasi schlafwandlerischer Sicherheit die letzten Monate, Wochen und Tage plante. Kabir, ein bedeutender Weiser des indischen Mittelalters, der sowohl von Hindus wie von Muslimen als Heiliger verehrt wurde und wird, sagte einmal: »Warum sollte ich mich vor dem Tode fürchten? Wurde ich je kleiner? Ich starb als Stein und wurde als Pflanze geboren. Ich starb als Pflanze und wurde als Tier geboren. Ich starb als Tier und wurde als Mensch geboren. Ich sterbe als Mensch. Werde ich geringer?«

Meister Eckehart zitiert in einer Predigt über den Tod einen christlichen Meister mit der fast identischen Aussage: »Die Natur zerbricht nie, sie gäbe denn ein Besseres dagegen.« Er selbst formuliert bekanntlich: »Seid in der Welt, aber seid nicht von der Welt« und sagte in einem ähnlichen Zusammenhang: »Gott, dem stirbt nichts, alle Dinge werden in ihm lebendig« und, »soweit unser Leben wesentlich ist, insoweit ist es in Gott.« Es ist schwierig, nüchtern und positiv und dennoch nicht gekünstelt-fromm oder glaubenserheischend zu beschreiben, was Tod bedeuten kann.

Einstimmung auf die Ganzheit des Seins

Welche eigenen Erfahrungen können wir von der Ewigkeit und Unveränderlichkeit unseres Wesens, unserer Seele, unseres bewussten Seins gewinnen? Welche praktischen »Vorbereitungen« für das körperliche Sterben und den körperlichen Tod können wir treffen? Mit der selbstverständlichen Einschränkung, dass ich weder bereits spirituell erleuchtet noch jetzt körperlich tot bin, darf ich aufgrund meiner Erfahrungen sagen: Meditation ist die beste Methode, um über erste Einblicke in unser Wesen zur alles durchdringenden Lebensgewissheit zu gelangen, dass wir Bewusstsein sind!

Zu den praktischen Vorbereitungen gehört zweierlei. Das bewusste zeitweise Sammeln und Zurückziehen der Aufmerksamkeit und der Wahrnehmungsfähigkeit der Seele, die Öffnung für das innere Licht und der Heimweg der Seele zu ihrem Ursprung, das ist eines.

Das zweite ist eine vorbehaltlose, kreative, aktive und mitfühlende Anteilnahme am *Leben* und der Mut, seinem Leben einen Sinn zu geben.

Während manche Meditationsformen dazu dienen, die Wahrnehmungsfähigkeit der Seele zu entwickeln, gibt es nur wenige, welche die Sammlung der Seele und ihre Rückkehr in ihren Ursprung in den Mittelpunkt stellen. Dazu eine vom Buddha überlieferte Aussage: »Unter den Tieren ist der Elefant das größte; unter den Meditationen ist jene über den Tod die größte.«

Ich möchte Ihnen den Vorschlag machen, sich in einer Art Fragemeditation auf das Thema Tod einzulassen. Diese Übung ist hochwirksam, auch wenn sie in ein schlichtes Gewand gekleidet ist. *Es hängt dabei fast alles von Ihrer Bereitschaft ab, auf die innere Stimme zu lauschen!*

Übung: Was stirbt? (15–20 Minuten)

Sinn der Übung ist es, sich intensiv und gelassen zugleich auf das Thema Tod einzustellen und zu erspüren, wie Sie damit sinnvoll und positiv umgehen können. Sie können die Übung im Sitzen oder im Liegen durchführen. Lockern Sie sich erst ein bisschen, schütteln Sie sich aus. Diese Übung soll und wird Ihnen Freude bereiten; setzen Sie also bitte keine »Leichenbittermiene« auf, nur weil unsere eingefleischten Assoziationen in Richtung »schwarz«, »Trauer« und »Tränen« gehen mögen. Sie wissen wahrscheinlich, dass Psychologen und spirituelle Weise jede Form von Angst letztlich auf Enge des Herzens und der Seele und auf Todesangst zurückführen.

Erlauben Sie sich in der Übung jede Form der Gemütsregung, die in Ihnen aufsteigt, sei es Weinen oder Lachen, Unsicherheit oder Selbstvertrauen. Die Übungsanleitung führt Sie anhand einer Reihe von Frage vorwärts, die Sie sich selbst nach und nach vorlegen, ohne dabei irgend etwas zu werten. Sie spüren vielmehr einfach, welche Assoziationen, Bilder, Gefühle, Einsichten oder Reaktionen diese Fragen in Ihnen auslösen. Versuchen Sie, gleichzeitig Ihre Seele zu öffnen und stiller Beobachter zu sein.

Einstimmung

- Schließen Sie die Augen. Lassen Sie mit den ersten paar Atemzügen die Tagessorgen los. Entspannen Sie sich in Körper und Geist.
- Spüre ich Schmerzen oder einen Verlust dadurch, dass jeden Tag, jede Minute, jede Sekunde viele kleine Zellen in diesem Körper sterben?
- Spüre ich Freude oder einen Gewinn dadurch, dass jeden Tag, jede Minute, jede Sekunde viele kleine Zellen in diesem Körper neu entstehen?
- Spüre ich Schmerzen oder einen Verlust, dass sich jeden Tag und jede Minute alte Gedanken auflösen? Spüre ich Freude und Zugewinn dadurch, dass ständig neue entstehen?
- Spüre ich Leid, wenn Gefühle vergehen? Spüre ich Freude, wenn neue entstehen?

Was ist wirklich wichtig?

- Ich denke an den Mond und seinen Kreislauf: Dunkelmond – Neumond – zunehmender Halbmond – Vollmond – abnehmender Halbmond – Neumond ... Wie spüre ich die unaufhörlichen Wandlungen der Welt und des Lebens?
- Spüre ich den stetigen Fluss des Lebens? Fühle ich mich eher getragen oder eher mitgerissen, oder wie sonst?
- Möchte ich mich immer in diesem Strom befinden?
- Oder möchte ich gern einmal aus diesem Fluss heraussteigen? Wann? Unter welchen Umständen?
- Was möchte ich vorher noch unbedingt erledigen? Was ist mir wichtig, wenn ich noch zehn Jahre Zeit hätte, in und mit diesem Körper hier auf der Erde zu leben?
- Was wäre wichtig, wenn ich noch ein Jahr Zeit hätte?

- Was ist wirklich wichtig, wenn es noch einen Monat Zeit für mich hier gäbe?
- Was wäre in einer letzten Woche wesentlich?
- Was wäre mir wichtig für den letzten Tag?
- Was ist wirklich wesentlich, in der letzten Stunde, in den letzten Minuten?
- Möchte ich in dieser einen Minute ganz gesammelt sein im Selbst, in meiner Seele, in Gott?

Wohin gehe ich?
- Wenn ich nun – in der Vorstellung – meinen Körper verlasse, wohin gehe ich dann? Was erwarte ich »drüben«, was empfängt mich dort auf der anderen Seite? Was wünsche ich mir?
- Stellen Sie sich jetzt vor, dass Sie das erleben bzw. erhalten, was Sie sich sehnlichst wünschen.
- Blicken Sie dann sozusagen zurück: Wer oder was war gestorben; wer oder was hat den alten Körper verlassen?
- Und was lebt nun weiter? Wer oder was ist jetzt weiterhin bewusst?

Ausklang
- Welche Einsichten gibt mir diese Übung?
- Was wird in Zukunft in meinem Leben Hier und Jetzt auf der Erde und im Körper wesentlich sein?
- Danken Sie dann Ihrer inneren Führung oder Geisthelfern oder Gott oder Ihrer Seele für Offenbarungen, die Sie erleben durften.
- Beenden Sie die Übung mit ruhigem, vertieftem Atmen.

Beachten Sie bewusst, wie Sie sich jetzt fühlen im Vergleich zur Zeit vor und während der verschiedenen Übungsphasen. Hat sich Ihre Einstellung und Ihr Gefühl zum Tod und zum Leben verändert? Gibt es Bereiche, in denen Sie weiterarbeiten wollen? Gibt es Impulse, die Ihnen Lebensfreude und Selbstvertrauen vermitteln?

22. Wer bin ich?

»Von Dämmerung zu Dämmerung, lasst uns von Frieden sprechen und der Botschaft der Liebe lauschen; die regenschweren Wolken Sawans umhüllen die Taverne der Zeit oh Mundschenk, lass den Kelch der Liebe herumgehen, wieder und wieder und wieder.« So Sant Darshan Singh in seinem Gedichtband »Eine Träne und ein Stern«.

Sie erinnern sich an die Meditationsübung mit der Frage »Wo bin ich?« aus dem II. Hauptteil. Jetzt gehen wir einen entscheidenden Schritt weiter. Die Suchfrage »Wer bin ich« wurde von Ramana Maharshi Zeit seines Lebens als einzige Art der formalen Lehre vermittelt; er wirkte vor allem durch seine Ausstrahlung.

Ramana Maharshi ist einer der interessantesten Weisen Indiens aus dem 20. Jahrhundert. Er lebte in Tiruvannamalai in Südindien bis 1950. Er prägte Sätze wie: »In Wirklichkeit gibt es keinen spirituellen Fortschritt. Gäbe es einen Fortschritt, so gäbe es einen Anfang und ein Ende. Das Selbst ist aber immer das Selbst, unveränderlich, ewig, seiend, bewusst.« Und auch: »Reinkarnation existiert nur so lange, wie Unwissen besteht. In Wirklichkeit gibt es überhaupt keine Reinkarnation, weder jetzt noch früher. Noch wird es sie in der Zukunft geben. Das ist die Wahrheit.«

Nur das niedere Ich, das Ego mag reinkarnieren; das Selbst wird weder geboren noch stirbt es, also kann es sich auch nicht reinkarnieren. Ramana Maharshi befasste sich nicht mit magischen Kräften, noch empfahl er, sie zu suchen oder auszuüben. Obwohl viele Schüler von allen möglichen Wundern berichteten, zum Beispiel dass er ihnen an entfernten Orten erschienen sei oder ihnen auf überirdische Weise geholfen habe, wollte er damit nie etwas zu tun haben. Über die verschiedenen Meditationsmethoden urteilte er nicht, stellte aber ernsthaften Suchern immer wieder die Suchfrage »Wer bin ich« auf jeweils neue Weise. So wurde er nach dem Wert von *Nada Yoga*, der Meditation mit der inneren Musik, gefragt und antwortete ungefähr so: Die innere Musik vermag den Übenden in einen Samadhi-Zustand (Erleuchtungszustand) zu schmeicheln – aber es bleibt auch dann noch die Frage zu beantworten, wer erlebt den Samadhi? Ramana Maharshi legte großen Wert auf die Unterscheidung, dass wir es in der Meditation mit drei Faktoren zu tun haben:

- dem Meditationsgegenstand und den Erlebnissen bzw. Phänomenen in der Meditation;
- der Art und Weise, wie wir Gegenstand und Erlebnisse wahrnehmen bzw. erfahren;
- und schließlich dem Wesen, welches wahrnimmt.

Meditationserlebnisse – Meditationsweise – Meditierender: drei Faktoren, von denen wir zumeist nur zwei, die ersten beiden, beachten. Am allerwichtigsten ist aber nach Ramana Maharshi die Frage, wer meditiert? Vielleicht denken Sie wie eine nette, aufgeschlossene Dame in einem meiner Kurse bei den PSI-Tagen in Basel, die zum ersten Mal überhaupt an einem Meditationskurs teilnahm: Ich natürlich! Aber wer sagt »Ich«? Die Antwort ist vielleicht einfach innen zu spüren, aber nicht leicht zu verstehen bzw. im Alltag zu verwirklichen.

Eine Reihe von Fragen wird Ihnen sozusagen ein Licht aufgehen lassen. Sie können statt *Wer* auch immer *Was* einsetzen.

- Wer schläft? Ich? Warum träume ich dann?
- Wer träumt? Ich? Welches Ich? Der Körper? Das Gemüt? Der Geist? Die Seele? Wer von denen nimmt den Traum wahr?
- Wer ärgert sich? Wer nimmt den Ärger wahr, wenn ich mich ärgere?
- Wer liebt? Wer nimmt Liebe wahr, wer strömt Liebe aus?

- Wer sieht? Wer oder was schaut aus dem Dunkel, aus dem Loch der Pupillen heraus? Welche Kraft, welches bewusste Wesen, welches bewusste Sein blickt uns an? Und wer sieht inneres geistiges Licht in der Meditation?
- Wer hört? Wer nimmt äußere Geräusche wahr? Und wer hört die innere Musik der Sphären, die unsere körperlichen Ohren ja gar nicht hören können?
- Wer wird geboren? Die Persönlichkeit? Ich? Was ist am Anfang da? Woher kommt der Geist, der den kleinen Körper immer mehr und immer bewusster belebt?
- Wer stirbt? Der Körper? Ist nicht jedes einzelne Molekül unserer Körperform spätestens nach sieben Jahren gegen ein neues ausgetauscht worden? Haben sich nicht unsere Gefühle und Gedanken das gesamte Leben hindurch wesentlich verändert, sind nicht überholte Gemütsregungen »gestorben« und neue aufgetaucht?

Mysterium Leben

Ich möchte Ihnen eine Meditationsübung mit der Suchfrage »Wer bin ich?« vorschlagen. Es kann sein, dass Sie diese Übung erst durchführen wollen, nachdem Sie über das sechste Chakra, das Augenbrauenzentrum, und die Meditation mit dem inneren Licht und Ton gelesen haben. Leider gibt es noch keine Möglichkeit, holographische Bücher dergestalt zu schreiben und zu lesen, dass man alles gleichzeitig wahrnimmt – das geht nur in der Meditation.

Ich möchte eine kleine »Warnung« voranstellen. Schon die »Wo bin ich?«-Meditation kann Sie auf eine derart intensive Weise mit bisher noch nie gespürten Bewusstseinsebenen konfrontieren bzw. Sie dort »hineinwerfen«, dass sich vielleicht Angst einstellt. Angst vor dem großen Unbekannten namens Weite des menschlichen Bewusstseins.

Das gleiche kann Ihnen in dieser Meditation »Wer bin ich?« geschehen. Es ist, als ob man anhaltend, gesammelt und entspannt sich selbst im Spiegel in die Augen schaut und immer wieder fragt, sinniert, fühlt: Wer schaut aus den dunklen Löchern der Pupillen heraus? Ich rate nie zu einem »Crash-Kurs« der gewaltsamen Bewusstseinserweiterung. Das könnte zu psychischen Einbrüchen führen, zu nervlichen Spannungen oder seelischen Nöten, die wir nicht mehr alleine bewältigen. Deshalb erneut der Hinweis:

Am besten meditieren Anfängerinnen und Anfänger zumindest einmal eine gewisse Zeit unter der Anleitung eines kompetenten Lehrers bzw. einer solchen Lehrerin!

Übung Wer bin ich? (10 Minuten)

Sinn der Übung mit der Suchfrage »Wer bin ich?« ist es, zum Wesen von bewusstem Sein jenseits der Formenwelt vorzustoßen. Wir wollen erkennen, *wer* meditiert – nicht, *was* wir in der Meditation erleben. Wir wollen uns von der zweifellos oft spannenden Wahrnehmung von zeitlich begrenzten Erscheinungen und Phänomenen des Lebens lösen, darüber hinausgehen und uns als Sein erkennen.

Setzen oder legen Sie sich bequem, gelockert und sehr wach hin. Notfalls spülen Sie den Mund mit etwas Wasser und befeuchten sich Hals, Nacken, Schläfen und Stirn, um wirklich wach zu sein. Schnaufen Sie aus, lassen Sie Alltagsangelegenheiten los.

- Sitzen oder liegen Sie ruhig, ohne etwas zu wollen oder zu erwarten. Vielleicht reagiert Ihr Körper in den ersten Minuten mit Entspannung in manchen Gliedern und Zonen – achten Sie aber nicht speziell darauf.
- Stellen Sie sich dann lautlos, in Gedanken und Gefühlen, die Frage »Wer bin ich?«
- Warten Sie, ohne irgendeine spezielle Antwort zu erwarten, was Sie empfinden. Wer bin ich?
- Wenn Gedanken oder Gefühle aufkommen und sich zwischen Sie und Ihre Wahrnehmung schieben, wandeln Sie die Such-

frage ab in Wer denkt? – Wer hat die Gedanken? – Wer nimmt Gedankenwellen wahr? – Wer fühlt? – Wer hat Gefühle? – Wer wird von Gefühlswellen bewegt? Geben Sie sich reichlich Zeit. Fragen Sie dann weiter:

- Bin ich der Körper oder habe ich einen Körper? Wer hat den Körper?
- Bin ich meine Gefühle oder habe ich Gefühle? Wer hat Gefühle?
- Bin ich die Gedanken oder habe ich Gedanken? Wer hat Gedanken?
- Wer meditiert? Wer nimmt Meditationserlebnisse wahr?
- Wer atmet? Wer lebt? Wer ist bewusstes Sein?
- Wer meditiert?
- Beschließen Sie die Übung mit drei Minuten absichtsloser Stille.

Wenn zwischendurch Gedanken, Gefühle, Wärme, Licht, Klänge oder anderes in Ihrem Bewusstsein auftauchen, stellen Sie immer wieder ruhig und gelassen, ohne jede Bewertung, die jeweils abgewandelte Frage »Wer empfindet Wärme?« – »Wer sieht Licht?« – »Wer hört Klänge?«

Gehen Sie einige Male zurück zur Frage »Wer bin ich? … Wer bin ich?«

Nach der Übung achten Sie darauf, ob sich etwas in Ihnen verändert hat, ob Sie mehr oder weniger Sie selbst sind, ob Sie sich wohler und besser fühlen oder nicht! Sie werden um so intensiver zum Kern Ihres Wesens werden und Masken unterschiedlicher Herkunft ablegen können, je genauer Sie wertfrei bei der Frage Wer bin ich? bzw. Wer nimmt wahr? bleiben, sobald bestimmte spezifische Bewusstseinsimpulse eine konkrete und damit relative Form annehmen.

23. Die Harmonie von Körper, Geist und Seele

Der Begriff »positive Mystik« kennzeichnet ein Kräfteparallelogramm, in dem die Entwicklung der körperlichen, emotionalen, intellektuellen und spirituellen Kräfte völlig gleichwertig sind. Positive Mystik bedeutet, sowohl das irdische Leben mit Liebe und Leid, mit Höhepunkten und Tiefen zu erfahren, als auch unsere geistigen Dimensionen zu erforschen und unser Seelenleben bewusster zu entwickeln. Die ganzheitliche Verwirklichung unseres Potentials von Körper, Geist und Seele ist schwierig. Wie viele Gewohnheiten, Vorurteile, kulturelle, russische, religiöse, soziale und sprachliche Barrieren scheinen dies auf ewig zu verhindern?

Es ist sehr viel leichter, die Welt als schlecht zu deklarieren, sich vom vermeintlichen Getriebe zurückzuziehen und sich mehr oder minder asketische Übungen aufzuerlegen, als die Herausforderung anzunehmen, in der Welt zu wirken für die Verbesserung der irdischen Lebensbedingungen und gleichzeitig doch immer in der geistigen Mitte verankert zu sein und zu bleiben. Es ist auch leichter, sich einer mehr oder minder rigiden Glaubensrichtung anzuschließen, welche persönliches Aufgehobensein vermittelt und einleuchtende Welterklärungen bietet, als für sich selbst ganz allein einzustehen, zu forschen, zu fragen, zu leben.

Allerdings werden wir ja eines Tages dieses Körperkleid wieder ausziehen, und das kann uns kein anderer Mensch abnehmen. Also könnte es doch ganz sinnvoll sein, schon jetzt den »Mut« aufzubringen und sich selbst durch aufrichtige Prüfung der bislang gewonnenen Erkenntnisse und Fähigkeiten infrage zu stellen und der Bequemlichkeit eines fremdbestimmten Lebens zu entraten. Der Weg zu sich selbst ist – obwohl er der direkteste ist – nicht der leichteste Weg. Und gleichzeitig sollen wir uns auch noch um mehr als um uns selbst kümmern?

Ich habe nie verstanden, warum viele Menschen einen Gegensatz aufbauen zwischen geistiger Suche und Meditation einerseits und aktiver, positiver Teilnahme am äußeren Leben auf diesem Planeten. Als Fernsehjournalist war ich von 1970 bis 1994 immer »mitten drin« im politischen, sozialen, kulturellen und wirtschaftlichen Geschehen, und habe dennoch meine spirituellen Interessen mit genauso viel Energie weiter verfolgt.

Die Welt zu verändern fängt damit an, sich selber zu verändern. Wenn wir das Gefühl haben, die Umwelt sei zu faul, zu unorganisiert, zu unordentlich, zu unehrlich, zu aggressiv und so fort, hindert uns keine Macht der Welt daran, selbst fleißiger, effizienter, aufrichtiger und freundlicher zu werden. Nach den geistigen Gesetzen kommt Energie nie abhanden und löst sich keineswegs in »Nichts« auf. Also werden alle Impulse Folgen haben, wie ein Kiesel, der in einen Teich geworfen wird und kleine konzentrische Wellenkreise zieht oder wie ein Ton, der erklingt und lange nachschwingt. Aber wie deren Wirkungen nach und nach »unsichtbarer« werden und deshalb wiederholt werden müssen, so gilt dies auch für unsere Anstrengungen, konstruktiv und schöpferisch an serem Erdenleben mitzuwirken.

Woher soll die Kraft zur positiven Mystik kommen, wenn man zwar den Wunsch nach dieser Art der Lebensführung und Selbstverwirklichung spürt, aber sich zu schwach, zu unvorbereitet oder zu irgend etwas anderes findet? Sie ahnen meine Antwort. Aus der Mitte, aus dem Atem der Seele, aus der Verankerung im Geiste. Ich habe festgestellt, dass das Augenbrauenzentrum, das sogenannte dritte Auge, das beste Kraftzentrum darstellt, um in der Mitte der Seele verankert zu sein und in problematischen Situationen auch zu bleiben. Es geht dabei jedoch *nicht* um einen tatsächlichen körperlichen Ort – denn die Seele »wohnt« de facto ja überall! – sondern um eine geistige Ausrichtung!

Die völlige Entgrenzung, die vollkommene Transzendenz des Egos und aller Ichhaftigkeit, funktioniert zwar auch, ist aber nach meinen Kenntnissen ungleich schwieriger zu bewerkstelligen. Positive Mystik lässt sich über die Sammlung am Augenbrauenzentrum, diesem sechsten Hauptchakra im Menschen, sehr unmittelbar erreichen.

Hinweise zur Meditationspraxis für Fortgeschrittene

Es gibt eine schier unübersehbare Fülle von Erfahrungen und Fragen, die dazu auftauchen können. Unabhängig von den Themen, die in den beiden Abschnitten über Schwierigkeiten bei der Meditation und typische Medltationserfahrungen und ihre Bedeutungen angesprochen wurden, möchte ich an dieser Stelle ohne Anspruch auf eine bestimmte Abfolge oder Ordnung weitere Hinweise zur Meditationspraxis geben, die auf persönlichen Erfahrungen und Eindrücken beruhen.

Meditation vor dem Essen

Wir haben uns im Kreise von Familie und Freunden angewöhnt, jedes Essen mit einigen Momenten der Stille, des Gebets, der meditativen Einstimmung zu beginnen. Mit dem Ausatmen lasse ich etwas mehr von den Alltagsgedanken in den Schultern los und finde dadurch umso besser in die Mitte. Das hilft mir körperlich, psychosomatisch und spirituell. Das delikate Gleichgewicht zwischen Wachheit und Entspannung, das für die Meditation so wichtig ist, muss man im Alltag bei solchen und ähnlichen Gelegenheiten üben, um es in der Meditation »parat« zu haben.

Meditation vor und bei der Arbeit

Auch hier hat es sich bei Schreibtischarbeit bewährt, sich im Augenbrauenzentrum (oder im Herzzentrum, wenn Ihnen das lieber ist), kurz zu sammeln, mit oder ohne Atemverbindung Spannungen in Schultern, Nacken und Kopf loszulassen und sich nach innen bzw. oben zu öffnen. Nicht, indem Sie etwas Spezielles erbitten oder erwarten – das führt ja zu erneuter Besetzung mit Gedanken und Gefühlen –, sondern indem Sie sich frei machen. Diese innerliche »Leere« ist nach meiner Erfahrung eine Grundvoraussetzung dafür, dass geistige Energien aus höheren Ebenen frei durch uns hindurch strömen können. Das funktioniert bei mir übrigens auch bei körperlicher Arbeit oder im Sport, beim Tennis zum Beispiel.

Atmung und Mantra als Hilfe

Als Träger für unsere Sammlung kann bekanntlich der Atem dienen, aber auch ein praktisch beliebiges Mantra. Mit jeder stillen, gedanklichen Wiederholung Ihres Mantras könen Sie Spannungen loslassen und besser in die Mitte finden. Dazu dirigieren Sie Ihr Mantra in jenen Körperteil, den Sie entspannen wollen und wiederholen es *dort*! Lassen Sie die Zellen des Mantra »sprechen« und sich gleichzeitig mit jeder Silbe entspannen. Möglicherweise entsteht dabei subjektiv oder objektiv Wärme oder ein Kribbeln in den betreffenden Körperzonen. Das muss Sie nicht beunruhigen, weil es meist eine natürliche Reaktion darstellt von Zellpartien, die bewusst angeregt werden.

Zwei scheinbar gegensätzliche Meditationstechniken, die der einpunktigen Konzentration und die der völligen Entgrenzung, sind nach meiner Erfahrung gleichermaßen sehr geeignet, »schnelle« Bewusstseinserweiterung zu erfahren.

Einpunktige Sammlung

Zur einpunktigen Konzentration führt am direktesten die Sammlung des Bewusstseins am Augenbrauenzentrum. Diese Sammlung führt dazu, dass das Körperbewusstsein überschritten wird und man den Körper teilweise oder ganz vergisst oder »verlässt«. Mehr über diesen Weg im Kapitel »Das sechste Chakra«. Die

Sammlung der Bewusstheit in einem kleinen Feld, an einem einzigen Punkt ist notwendig, um eine Art Quantensprung zu erleben. Wache, losgelöste und in sich ruhende Sammlung in einem Punkt – scheinbar in uns Menschen schwer ganzheitlich zu vereinigende Qualitäten – ist ein wichtiger Schlüssel für den Zutritt in das »schwarze Loch« des Quantensprungs über Raum und Zeit hinein in geistige Dimensionen.

Bewusstsein ist überall – in den Weiten des Weltraums und im kleinsten Atom.

Entgrenzung

Die zweite Technik besteht in der »Entleerung«, im sich offen, frei und leer von eigenen Inhalten im Alltagsbewusstsein, im Unterbewusstsein und im Unbewussten »zu machen«. Der Zugang in spirituelle Reiche, richtiger noch, das Abstreifen der ichhaft geschaffenen Begrenzungen und Einschränkungen und die mysteriöse Metamorphose vom sterblichen Ich zum ewigen Selbst, die Verwandlung vom verängstigten, träumenden und schlafwandelnden Ego zur von Angst unberührten, strahlenden, bewussten Seele, geht immer einher mit der Lösung von Ich-Strukturen. Die Grenzen der Ich-Strukturen durchlässiger, transparenter zu machen, um sie dann entweder zu durchqueren oder sie als Illusion abstreifen zu können, wird durch gegenstandslose Meditation der hier skizzierten Art und Weise leichter als durch emotional besetzte gegenständliche Übungen.

Stille halten in der kleinstmöglichen Sammlung in einem Punkt oder sich zu öffnen für sowohl die große *Leere* wie für die überall vorhandene Bewusstseinskraft sind zwei wirksame Wege. Zur Entgrenzung des Körperbewusstseins und der Bewusstseinsgrenzen unseres Ichs dient die zweigeteilte Fragemeditation des »Wo bin ich?« und »Wer bin ich?«. Dabei können Empfindungen auftauchen, als ob Sie sich selbst »verlören«. Je nach Temperament, Neigung und bisherigen Übungs- und Lebenserfahrungen variiert unsere Bereitschaft – sprich, unser Mut – und unsere Fähigkeit, uns auf das vermeintliche Nichts und Nirgendwo einzulassen.

Der »Absturz«, das Gefühl, dass man ins Bodenlose fällt, Schwindel, Übelkeit, Angst, von etwas bekanntem »verschluckt« zu werden, der Verlust von Kontrolle: das sind persönliche Realitäten, welche die Führung durch einen Kundigen und vielleicht auch anfänglich den Schutz durch eine Mysterienschule nahelegen.

Noch einmal Tilopa: »Im Anfang spürt der Yogi, wie sein Geist abstürzt wie ein Wasserfall; dann, auf halbem Wege, strömt er dahin, langsam und sacht wie der Ganges. Am Ende ist er ein großes unendliches Meer, wo das Licht von Sohn und Mutter in eins verschmelzen.«

Leben im Hier und Jetzt

Leben im Hier und Jetzt ist ein weiterer wesentlicher Schlüssel für ganzheitliches Bewusstsein aus der Mitte. Noch einmal Tilopa: »Gib alles Tun und alles Wünschen auf, lass die Gedanken steigen und verebben, wie Meereswellen. Wer die Vergänglichkeit niemals vergisst, noch das Prinzip der Urteilslosigkeit, der richtet sich nach tantrischem Gebot.« Die humorvolle Nachbemerkung des Tantrikers Osho möchte ich Ihnen nicht vorenthalten: »Sehr, sehr einfach. Aber ihr seid zu kompliziert, zu verwirrt im Innern; eigentlich ist alles sehr, sehr einfach.«

Angelus Silesius drückte es so aus: Wir beten: es gescheh, mein Herr und Gott, dein Wille! Und sieh, er hat nicht Will', er ist ein' ew'ge St'Ile.«

Damit kommen wir an das Ende des Sagbaren. Das Tao, das benannt werden kann, ist nicht das Tao.

24. Eine Minute zur Erdung – Drei Minuten zur Mitte

Die beiden folgenden Kurzübungen sind so etwas wie ein Resümee. Sie eignen sich als einfache und klare Bewusstseinsübungen für Ihren Alltag, ohne irgendeinen weltanschaulichen oder emotionalen »Überbau«.

Übung Eine Minute zur Erdung (Dauer fünf ruhige Atemzüge)
Der Sinn der Übung besteht darin, sich gezielt und rasch zu erden, wenn man den Boden unter den Füßen zu verlieren meint, wenn man sehr aufgeregt oder sonstwie »außer sich« ist. Die Übung dauert, wenn man einmal den Ablauf kennt, wirklich nicht länger als eine Minute.

Sie können die Übung im Sitzen, Liegen, Stehen oder Gehen ausführen. Lockern Sie zu enge Kleidung, und schließen Sie die Augen.

- Atmen Sie einmal ruhig und tief ein und dann wieder ruhig und tief aus.
- Mit dem nächsten Luftzug atmen Sie hinein in den Bauchraum, etwas unterhalb des Bauchnabels, den sogenannten Hara, die »Erdmitte« des Menschen. Mit dem Ausatmen lassen Sie sich, mit all Ihren Gedanken und Gefühlen, mit dem Körper und seinen Lasten, in diesen Bereich im unteren Bauchraum »hineinfallen«. Sie lassen sich dort nieder, wenn Sie dabei im Sitzen oder Stehen etwas in sich »versacken«, ist das ein gutes Zeichen.
- Mit dem dritten Atemzug spüren Sie hinein in die Erde, auf der Sie stehen oder liegen oder sitzen durch Kleidung, Möbel,

Hausboden und so fort hindurch spüren Sie hinein in die Erde, die alles trägt beim Einatmen öffnen Sie sich für das Spüren der Erde, beim Ausatmen lassen Sie alle Ihre Energien und Belastungen über die Füße (im Liegen über den Rücken) in die Erde hineinströmen.

- Mit dem vierten Einatmen lassen Sie Ihr Bewusstsein noch tiefer in die Erde eindringen – ohne irgendwelche Vorstellungen, mit dem Ausatmen lassen Sie alle Gedanken los.
- Mit dem fünften Atemzug nehmen Sie die stille Kraft der Erde in Ihren Bauchraum auf. Beim Einatmen ziehen oder saugen Sie ruhig und langsam Kraft aus der Erde in den unteren Bauchraum ein – oder lassen Sie einströmen – und atmen so weit und tief ein, dass jetzt auch Ihr Brustraum ganz bewusst gehoben und geweitet wird, mit dem Ausatmen lassen Sie die ruhige Kraft der Erde in alle Ihre Zellen weiter strömen und dort gespeichert werden.

Wenn Sie die Wirkung dieser Übung überprüfen schlage ich Ihnen drei Möglichkeiten dazu vor:

- Schauen Sie vorher und nachher in den Spiegel und überzeugen Sie sich selbst, ob sich etwas verändert hat.
- Bevor Sie eine wichtige Entscheidung treffen oder eine Begegnung in einer für Sie schwierigen Angelegenheit oder mit einem schwierigen Menschen haben, nehmen Sie sich diese eine Minute Zeit. Stellen Sie fest, ob Sie nachher ruhiger, gelassener und wacher sind oder nicht.
- Der dritte Vorschlag bezieht sich auf Ihre Partnerschaft bzw. Ihr Liebesleben. Wenn Sie dem anderen Menschen gegenüber sicher und gleichzeitig aufrichtig sich selbst öffnen wollen – sei es im Gespräch, in der zärtlichen Umarmung oder bei einem gemeinsamen Vorhaben – führen Sie zu Beginn und dann immer wieder, vielleicht alle 10–15 Minuten, diese 1-Minuten-Erdung durch. Am besten gemeinsam! Prüfen Sie, ob Sie damit sicherer werden, überholte Ich-Muster und »Ego-Masken« zu erkennen und aufzugeben.

Übung »Drei Minuten zur Mitte« (Dauer etwa 15–18 Atemzüge.)
Der Sinn der Übung ist es, im Alltag immer wieder rasch und einfach zur geistigen, spirituellen Mitte zurückzufinden und zunehmend mehr aus der unerschöpflichen inneren Kraftquelle des Lebens zu leben und zu wirken.

Die Übung wird am besten im bequemen Sitzen oder im wachen Liegen durchgeführt. Schütteln Sie sich vor dem Hinsetzen oder Hinlegen ordentlich aus, als ob Sie Staub abschütteln. Das Schütteln dient der Lockerung des Körpers und ist eine weitere Vorbereitung und Hilfe zur Tiefenentspannung. Die Kleidung sollte gelockert sein, schließen Sie die Augen. Der Atemrhythmus hat bei dieser Übung keine Bedeutung. Sie können den Atem also je nach Vorliebe vergessen oder als zusätzliche Hilfe benutzen.

- Bleiben Sie etwa eine Minute ruhig, entspannt und gelassen sitzen oder liegen. Tun Sie gar nichts. Denken Sie an nichts Besonderes, erwarten Sie nichts, aber unterdrücken Sie auch keine eventuell auftauchenden Gemütsbewegungen.
- Halten Sie dann etwa eine Minute lang den Satz oder das Mantra »Zur Mitte« in Ihrem Bewusstsein. Wenn Sie daran gewöhnt sind zu beten, benutzen Sie dies als Gebet. Wenn Sie Fragen an Ihr »höheres Selbst« oder Ihren »Emotionalkörper«, an einen lebenden oder einen aufgestiegenen »Geistführer« richten, so tun Sie dies mit dieser Frage oder dieser Ausrichtung auch. Stimmen Sie Ihr Bewusstsein ein auf die Orientierung »Zur Mitte« – »Zur Mitte« – »Zur Mitte« …
- Halten Sie die letzte Minute wieder nur einfach still, wie am Anfang, und spüren Sie nur »Mitte« – »Mitte« – »Mitte«. Es kann durchaus möglich sein und ist genauso »richtig«, dass Sie beobachten bzw. erleben, dass Ihre Mitte kein Platz, kein bestimmter Ort im oder außerhalb des Körpers ist, sondern ein Gefühl des Überall- und Nirgendwo-Seins, ein Gespür, dass Ihr Bewusstsein Stille und Frieden ist, ohne sich an irgendwelchen Körperzonen, Gefühlswellen oder Gedankenstrukturen festzuhalten und dort sozusagen zu kristallisieren, sich zu manifestie-

ren. *Mitte* ist dort, wo wir wir *selbst* sind und keine Notwendigkeit mehr empfinden, unser bewusstes Sein zu beschreiben, zu hinterfragen, auf bestimmte Tätigkeiten anzuwenden oder an speziellen Fähigkeiten zu messen.

Anneliese Harf erzählte immer gern die Geschichte von einem Manager, der zu Graf Dürckheim in den Schwarzwald reiste, um sich von ihm unterweisen zu lassen. Alle Vorschläge zur Meditation, zur Bewusstseinsentwicklung, zur Reifung an bestimmten Übungen lehnte dieser Manager mit dem Hinweis auf seine knappe Zeit, auf zu geringe Erfahrung mit Spiritualität und aus anderen Gründen ab. Graf Dürckheim fragte ihn schließlich: »Aber Sie können doch wohl zumindest einige Minuten auf einem Stuhl sitzen oder nicht?« Der Manager konnte schlecht nein sagen. Also wies Graf Dürckheim ihn an, jeden Tag nach dem Frühstück und vor seiner Arbeit 3 Minuten auf einem Stuhl zu sitzen und sonst nichts zu tun. Nach ein oder zwei Jahren kam der Manager zurück in den Schwarzwald als ein vollkommen verwandelter Mensch.

Selbst drei Minuten nur Sitzen, ohne jede weitere Übungsanleitung, vermag Menschen grundlegend zu verwandeln, weil sich auch dann tiefgreifende Bewusstseinsprozesse abspielen können, wenn wir keine spezifischen Anweisungen befolgen und uns »nur« dem Stillehalten öffnen.

IV. Ausblicke in Wunderwelten

Nojo ka mana I keia manawa
Kraft liegt in diesem Augenblick.

Ana 'oia i ka hopena
Wahrheit bemisst sich an den Ergebnissen.

Serge Kahili King, Huna – Der hawaiianische Weg

25. Das Sechste Chakra: Sitz der Seele und Ort der Kraft

Zwei Kraftströme im Menschen

Im Menschen wirken zwei Kraftströme. Einer ist auch als Prana, Orgon oder »motorischer« Lebensstrom bekannt. Er dient der Aufrechterhaltung der körperlichen und psychosomatischen Funktionen im physischen, astralen und kausalen Körper. Jeder Mensch besitzt mehrere Körper, von denen nur der dichteste, der physische, für die irdischen Augen sichtbar ist. Die beiden anderen Körper, der astrale und der kausale, sind »Energiekörper«. Der sogenannte Emotionalkörper stellt eine Art Brücke zwischen dem physischen und dem astralen Körper dar. Ohne den motorischen Lebensstrom ist kein körperliches Leben in Gesundheit möglich. Für unsere Gesundheit im weitesten Sinne ist eine natürliche, harmonische Funktionsfähigkeit dieses Lebens- oder Pranastroms ohne Eingriffe am günstigsten.

Der zweite Kraftstrom wird unter anderem »Surat«, die Aufmerksamkeit oder die Wahrnehmungsfähigkeit der Seele oder auch »sensorischer Lebensstrom« genannt. Er stellt unsere Bewusstseinskraft dar, die sich zum Beispiel im »Tat vam asi« – »Du bist das«, im »Ich bin« oder in der Unsterblichkeit der Seele oder des Selbst ausdrückt, bzw. diese *ist!* Wir können lernen diesen Strom bewusst zu lenken. Die Erkenntnis, dieser Bewusstseinsstrom zu sein, bewirkt nach Aussage zahlreicher Lehren die Erleuchtung, den Samadhi, die Unio mystica – also die Entrückung aus der Ichhaftigkeit in das Allbewusstsein.

Das dritte Auge als sechstes Chakra

Das Zentrum des dritten Auges bzw. das Augenbrauenchakra ist das sechste Hauptchakra im Menschen. Die anderen fünf – Basiszentrum als Ort der Prana-Lebenskraft, Sakralzentrum als Ort der schöpferischen Kraft, Nabelzentrum als Ort der Ich-Kraft, Herzzentrum als Ort der überpersönlichen Liebe, Kehlkopfzentrum als Ort der Ausdruckskraft – werden direkt bzw. indirekt vom *motorischen* Lebensstrom gesteuert. Diese Zentren werden bisweilen in der Absicht speziell stimuliert, bestimmte übernatürliche Kräfte auszubilden.

Das sechste Zentrum ist der »Heimatort« der Seele bzw. des *sensorischen* Lebensstroms, der sich von hier aus entweder auf die äußere Schöpfung lenken oder zur inneren Quelle der Schöpfung richten lässt. Wenn sich die Bewusstseinskraft der Seele, die sich auch in der äußeren und inneren Wahrnehmungsfähigkeit des Menschen ausdrückt, zur äußeren Schöpfung mit ihren Myriaden an Formen und Erscheinungen wendet, so wirkt sie feinstofflich über die fünf zuvor genannten Chakren, über unser Gemüt, über Gefühl und Verstand und natürlich über unsere körperlichen Sinne. Dabei zerstreut sich unsere Wahrnehmungsfähigkeit, und damit verlieren wir das Bewusstsein unserer Identität als geistiges Wesen. Die Aufmerksamkeit unserer Seele wird von den Phänomenen der Welt so gefangen genommen, dass sie ihr eigenes, unbegrenztes Sein vergisst.

Durch die Innenschau, durch das Zurückziehen der Aufmerksamkeit der Seele am sogenannten Augenbrennpunkt hinter den Augenbrauen, durch diese Art der Re-ligion, also Rück-Verbindung, gewinnen wir den Heimatort des sensorischen Lebensstroms als Ruhepol und Ankerplatz zurück. Von dort aus können wir unsere Bewusstheit auf innere Welten richten, um sie zu durchqueren und dann zur Quelle unseres Seins zu finden.

Die Funktion des sechsten Chakras liegt also im wesentlichen darin, dass dies der stille Ausgangspunkt für unsere Seele ist, die von hier aus sich nach außen oder nach innen wenden kann. Wir können dieses Zentrum immer wieder als »Aussichtsturm« aufsuchen, wenn wir sonst im Dschungel des Alltagslebens die Übersicht über Weg und Ziel unseres Lebens verlieren. Hier wissen wir uns bewusst und damit ruhig, entspannt, sicher, harmonisch, beschützt, mit Gleichmut und in Verbindung zu einem unendlichen Reservoir an überpersönlicher Lebenskraft, um die Aufgaben unseres Körperlebens bewältigen, Freude und Glück intensiv zu erleben und Kummer, Not und Leid in der rechten Weise tragen zu können. Schließlich ist dieses Zentrum der beste Startpunkt für die Reise nach innen, um direkt und unmittelbar in Kontakt mit dem zum Ursprung ziehenden inneren Licht und Ton zu gelangen.

Damit ist das sechste Chakra eine wichtige Mitte, aus der Lebenskraft erwächst. Warum eine? Kann es mehr als eine Mitte geben? Nach meiner Erfahrung ja, je nachdem, um welche Bewusstseinsebene es sich handelt. Wenn es also um höchste Seelenebenen geht, dann ist das sechste Chakra der Ausgangspunkt für den Flug der Seele in ihre Heimat. Von diesem sechsten Kraftzentrum aus können wir auch unseren Körper am Lebensende verlassen. Das sogenannte Kronenchakra oder Scheitelzentrum, manchmal auch »Tausendblättriger Lotos« genannt, ist übrigens kein eigenes Funktionszentrum, sondern bereits eine erste Widerspiegelung innerer bzw. astraler Bewusstseinsebenen.

Die obenstehenden Erläuterungen beruhen sowohl auf langjähriger eigener Erfahrung wie auf den Lehren verschiedener Meditationswege und auch auf einem ausführlichen Gespräch, das ich während der ersten Arbeiten an diesem Buch mit dem Meditationsmeister Sant Rajinder Singh über dieses Thema führte. Das gesamte Gespräch ist inzwischen bei SK Publikationen Hof erhältlich. Seine Meditationsanleitung soll nun folgen, die er freundlicherweise öffentlich gemacht hat.

Spirituelle Meditation nach Meditationsmeister Sant Rajinder Singh

»Um Frieden zu finden, ist es erforderlich, die Probleme von einer völlig neuen Perspektive aus zu betrachten. Wir können nicht den Lauf der Welt oder ihre Probleme ändern, aber wir können dem Leben eine neue Dimension hinzufügen, um so Frieden zu finden. Wahrer und dauernder Friede kann nur im Inneren, in uns, gefunden werden.

Die spirituellen Lehrer erklären uns auch, dass das schöpferische Prinzip des Universums, das wir Gott nennen, am Anfang ganz allein da war. Es heißt, dass Gott ein Ozean der Allbewusstheit, der Glückseligkeit und der Freude war. Als Er sich entschloss, aus einem viele zu werden, verursachte dieser Gedanke eine schöpferische Schwingung, aus der die zwei ursprünglichen Manifestationen Licht und Ton entstanden. Der Licht- und Tonstrom (das Wort im Johannes-Evangelium) war die Ursache der gesamten Schöpfung, und als er von Gott ausging, brachte er verschiedene Regionen oder Ebenen ins Sein.

Der Meditationsweg, der von den Lehrern der Wissenschaft der Spiritualität gelehrt wird, ist eine einfache Methode, durch die man sich über den physischen Körper erheben und in die inneren Ebenen reisen kann. Meditation erfordert die Konzentration an einem bestimmten Punkt im Körper, durch den wir die inneren Bereiche betreten können.

Manche vertreten die Auffassung, dass der Weg der Meditation eine Art Weltflucht sei. Sie glauben, dass es erforderlich sei, sich zurückzuziehen wie ein Mönch. Aber wahre Meditation führt nicht zu Weltflucht, sie macht uns stattdessen engagierter und bewusster. Sie ist eine der wirkungsvollsten Methoden, um aktiv für äußeren Frieden zu arbeiten. Die Lehrer der Wissenschaft der Spiritualität ermutigen uns, ein ausgewogenes Leben in dieser Welt zu führen, und während wir auf unser spirituelles Ziel hinarbeiten, sollten wir ein erfolgreiches Leben führen, ein Leben, in dem wir viel schaffen und alle unsere Verpflichtungen erfüllen.

Wir müssen unseren Lebensunterhalt ehrlich verdienen. Wir müssen uns um unsere Familie kümmern. Wir sollten dazu beitragen, den Bedürfnissen unserer Nachbarn, unserer Gemeinde, unserer Gesellschaft, der Nation und der Welt gerecht zu werden. Jede Aufgabe sollten wir so gut wie möglich ausführen.

Einerseits erlangen wir (durch die Meditation) innere Erleuchtung und Frieden für uns selbst, und andererseits setzen wir unsere Talente und Fähigkeiten und das Geschenk der menschlichen Geburt ein, um diese Erde zu einem besseren und friedvollen Ort zu machen.«

Meditationsanleitung zur Verbindung mit dem Inneren Licht

»Meditation ist die Summe und die Substanz aller Religionen. Solange wir über das, was die heiligen Schriften sagen, keine eigene Erfahrung erlangt haben, können diese Schriften nur bedingt helfen. Sie können uns nicht nach innen führen und wir können sie nicht auf ihre Richtigkeit hin überprüfen. Ein Gramm Praxis ist mehr wert als eine Tonne Theorie.

Es gibt zwei Ströme im Körper, den sensorischen und den motorischen. Der motorische Strom ist verantwortlich für alle unwillkürlichen Funktionen des Körpers, wie die Atmung, den Blutkreislauf und so fort. Er erhält das körperliche Leben. Der sensorische Strom im Körper ist das Bewusstsein, das sich zumeist über die Sinnesorgane nach außen wendet und selbst in Gefühlen, Gedanken und Träumen irgendwie mit der Welt beschäftigt ist.

Wenn es gelingt, den sensorischen Strom zu sammeln, sozusagen an seinen Ursprung zurückzuziehen und ihn am dritten

Auge, am Sitz der Seele, zu konzentrieren, so erlangen Sie Eintritt in die inneren, spirituellen Ebenen.

Die Meditation ist ein Vorgang, bei dem wir die Aufmerksamkeit von der Welt außen zurückziehen und sie am Sitz der Seele konzentrieren. Der Sitz der Seele befindet sich auf der Stirn zwischen und hinter den beiden Augenbrauen. Wenn Sie Ihre Aufmerksamkeit an diesem Punkt sammeln, dann kommen Sie mit dem inneren, göttlichen Licht in Verbindung.

Vorbereitung

Um sich aber am Sitz der Seele zu sammeln, müssen wir zuerst unseren Körper und unser Gemüt zur Ruhe bringen und die Aufmerksamkeit nicht mehr über die Sinne nach außen lenken.

Dazu sollten wir eine Haltung einnehmen, in der wir entspannt sitzen können, auf einem Stuhl oder auf einer Decke auf dem Boden. (Wenn man sich hinlegt, neigt man eher dazu, einzuschlafen. Falls Sie mit anderen Menschen zusammen meditieren, sollten Sie so sitzen, dass Sie keinen anderen berühren, um Ihre Sammlung nicht zu stören.) Es ist empfehlenswert, an einem ruhigen Platz oder Ort zu meditieren. Sie sollten also ruhig und entspannt sitzen, dabei jedoch geistig ganz bewusst sein.

Als nächstes sollten Sie die Augen entspannt schließen, so, wie wenn Sie schlafen gingen, aber zugleich hellwach bleiben. Wenn Sie die Augen schließen, werden Sie innen zunächst Dunkelheit sehen. Das, was die Dunkelheit innen sieht, ist das innere Auge oder dritte Auge oder Einzelauge.

Mit diesem inneren Auge sollten Sie liebevoll und wach, entspannt und gleichzeitig gesammelt – aber ohne irgendeine eigene Vorstellung oder Visualisierung! – in die Mitte dessen schauen, was vor Ihnen ist (als ob Sie einen Film anschauen würden). Dabei richten Sie Ihren Blick nicht auf alles, was vor Ihnen ist, sondern nur auf einen kleinen Fleck in der Mitte (etwa so groß wie ein Geldstück).

Das innere Schauen

Obwohl das innere Schauen innen stattfindet, schauen Sie auf einen Fleck etwa fünfzehn bis zwanzig Zentimeter vor der Mitte der Stirn, nicht nach innen hinter die Stirn (weil sich sonst die physischen Augen unwillkürlich dorthin wenden und daraus Druck im Kopf oder Kopfschmerzen resultieren könnten).

Während dieser Meditation, zum Beispiel zehn, besser zwanzig Minuten lang, brauchen Sie sich nicht um die Welt draußen zu kümmern, sondern Sie sollten die Aufmerksamkeit am dritten Auge gesammelt halten.

Dazu ist es nützlich, einen Namen Gottes (Gott, Christus, Maria) langsam und in Abständen rein mental, also nur in Gedanken, am dritten Auge zu wiederholen. So können Sie sich immer wieder daran erinnern, dass Sie in dieser kurzen Zeit nicht der Welt draußen nachhängen, und auch nicht irgendwelchen Gedanken, die auftauchen, sondern mit Ihrer Aufmerksamkeit beim inneren Schauen bleiben.

Wenn Sie nun bei geschlossenen Augen in die Mitte dessen blicken, was vor Ihnen ist, mag zunächst Dunkelheit da sein oder auch ein diffuses Licht wie Nebel, oder Farben, Formen, Gestalten und so fort. Auch ein Sternenhimmel, ein großer Stern, Mond, Sonne, ein Auge oder etwas anderes mag auftauchen.

Es geht beim inneren Schauen nicht darum, was Sie sehen; Sie halten auch nichts fest oder wünschen sich etwas herbei; Sie erwarten nichts und lehnen nichts ab.

Stattdessen bleiben Sie mit dem inneren Blick immer in der Mitte dessen, was Sie innen sehen. Licht mag heller und strahlender werden, näher kommen und aufgehen, so dass Sie hindurchsehen. Wenn Sie einen Sternenhimmel sehen, können Sie einen großen, hellen Stern aussuchen und in dessen Mitte schauen. Wenn Sie Mond oder Sonne sehen, schauen Sie auch in die Mitte.

Wenn Sie Heilige oder Himmelsgestalten innen sehen, sollten Sie auf die Mitte ihrer Stirn schauen und weiterhin den gewählten Namen Gottes gedanklich wiederholen, um so zu prüfen, ob es sich vielleicht nur um eine Vorstellung handelt. Einen wahren

Heiligen können wir innen bitten, uns zu helfen, den weiteren Weg zu Christus, zur Christuskraft und zu Gott zu finden.«

Soweit also diese Meditationsanleitung zur Verbindung mit dem inneren Licht. Es ist möglich, dass sich die Sinnesströme bei dieser Lichtmeditation soweit zurückziehen, dass man die Gliedmaßen oder sogar den ganzen Körper nicht mehr spürt. Das ist in Ordnung so, denn es geht bei diesem Vorgang um ein Eintauchen in innere Ebenen.

Sie können diese (und jede andere) Meditation jederzeit selbst beenden, wann immer Sie mögen. Man kann noch hinzufügen, dass man auf Stimmen nicht hören, sondern diese auffordern sollte, vor dem inneren Blick zu erscheinen, so dass man sie mit einem Namen Gottes prüfen kann.

Diese Einführung in die Licht-Meditation ist ein erster praktischer Schritt. Im Regelfall brauchen wir dann die Hilfe eines »Reiseführers« durch die Innenwelten, einen kompetenten Meditationslehrer. Wer die Gelegenheit bekommt, eine reguläre Einweisung bzw. Initiation (kostenlos!) in die Licht- und auch in die Klangmeditation zu erhalten, sollte nicht säumen, diese goldene Chance zu nutzen.

26. Wunderwelten der Seele: der innere Kosmos

Wie sieht so eine Reise in die geistigen Sphären aus, was sind ihre Stationen? Dazu brauchen wir zunächst eine Vorstellung von Welt und Bewusstsein, eine Einordnung der Länder und Regionen, in welche die Reise führen wird. Versuchen wir eine Unterteilung der Regionen des Bewusstseins, in der unterschiedliche Modelle, die aus den Religionen und aus esoterischen Geheimwissenschaften bekannt sind, in der sich aber auch die Berichte von Mystikern widerspiegeln, die über eigenes inneres Erleben sprechen.

Dem ersten Schritt der Unterteilung werden die meisten Leser sicher folgen können: Hier auf der physischen Erde herrscht die Materie übermächtig vor, das dichte, feste Körperleben beherrscht Denken und Fühlen, Leben und Sein. Geist und Bewusstsein sind nur sehr, sehr schwach entwickelt – wenn wir nur an Unwissen und Hass, Ausbeutung und Krieg denken. Jede Zuwendung in achtsamer Mitmenschlichkeit wirkt hier wie ein seltener und kostbarer Regen, der auf ein ausgedörrtes Land fällt. In unserer Region der kompakten Stofflichkeit dauert Leben nur sehr kurz, vielleicht fünfzig oder hundert Jahre für uns Menschen.

Nun existieren aber geistige Regionen, die so real sind wie die Welt, die keine Einbildung sind, keine Phantasie, keine Projektion, keine fromme Hoffnung, keine mentale Gaukelei, die völlig anders sind. Wie diese inneren Reiche zu unterteilen und zu bezeichnen sind, ist von Religion zu Religion unterschiedlich. Sollen sie Astral-, Kausal- und Suprakausal-Ebene heißen, oder Anda, Brahmanda und Par-Brahmanda, oder Emotional-, Mental- und Ideal-Ebene, oder Zwischenreich, Paradies und Himmelsthron?

Wo zieht man bei geistigen Reichen Grenzen? Denken wir an den Bodensee: ein See, der für sich eine Einheit bildet. Und dennoch gibt es drei unsichtbare Ländergrenzen, die schweizerische, die österreichische und die deutsche, die für rechtliche Angelegenheiten sehr wohl von Belang sind, obwohl man sie nicht sieht. Ähnlich ist es, so die Berichte von Seelen, die nach innen reisen, auch in den geistigen Dimensionen.

Mystiker und Seher tun seit Menschengedenken ihr Bestes, um uns darauf hinzuweisen, dass es das Geburtsrecht jeder Seele ist, diese inneren Regionen zu erforschen, zu durchqueren und bis zum Ursprung unseres Seelenlichts, zur schöpferischen göttlichen Quelle zu reisen. Sie behaupten, dass dies in diesem Leben möglich sei, nicht erst danach, in einem unbekannten Jenseits zu einem weit entfernten Zeitpunkt, nur nach dem Prinzip Hoffnung.

Im *Masnavi* erzählt der große persische Mystiker Rumi von seinen Reisen in die Innenwelten, im *Anurag Sagar* beschreibt der Dichter-Heilige Kabir diese geistigen Ebenen, im *Sar Bachan* berichtet Soami Shiv Dayal von der Erlösungsfahrt der Seele. Deren Mitteilungen über ihr eigenes Erleben sind meist noch systematischer als es die ebenfalls inspirierten Niederschriften bedeutender christlicher Mystiker sind.

Da der Verfasser selbst nur allererste und kleinste Fortschritte auf der Reise in die Innenwelten gemacht hat, und deshalb auf Schilderungen höherer Ebenen aus erster Hand verzichten muss, wollen wir uns im folgenden vor allem auf die Berichte der oben genannten stützen. Wer eine prägnante Zusammenfassung der Reise der Seele durch die Innenwelten von einem modernen Mystiker erfahren möchte, der aus eigener Erfahrung schreibt, lese das 12. Kapitel des Buchs *Die Weisheit der erwachten Seele* (siehe Literaturverzeichnis).

Beginn der Reise

Start und Ausgangspunkt der Reise nach innen ist unsere Welt der festen Formen, die jedoch nur von kurzer Lebensdauer sind. Nichts bleibt hier ewig bestehen; in der sogenannten »kleinen Auflösung« wird diese physische Ebene ganz ausgelöscht. Und selbst bis dahin ist das Leben häufig genug voller Schmerz und Not. Gerade diese Erkenntnis von Leid und Tod veranlasst wache Menschen, den Sinn ihres Lebens zu erforschen, sich auf die Suche nach einem Tor zu einem besseren Jenseits aufzumachen, und so ihre spirituelle Reise zu beginnen.

Um aus dem »Gefängnis« des Körpers herauszugelangen, um die engen Grenzen des weltlichen Bewusstseins zu überschreiten, muss die Seele sich ihrer selbst bewusst werden, ihre Aufmerksamkeit aus der Formenwelt herausziehen und sie auf jenes einzige Tor zum Jenseits richten, das sich im physischen Körper befindet, auf das »dritte Auge« (siehe auch Kapitel 8). Erst dann, wenn diese erste Pforte in eine andere Wirklichkeit durchquert ist, kann der Aufstieg der Seele beginnen. Nur dann, wenn der Fahrer aus seinem Auto zumindest zeitweilig aussteigt, kann er in der freien Natur draußen herumgehen und sich daran unmittelbar erfreuen.

Die erste Etappe der Reise: Astralebene

Die materiell-spirituelle Region, die erste innere Ebene bzw. Astralebene, wird im Osten auch der »tausendblättrige Lotus« genannt, oder *Sahans dal Kanwal*. Das, was manche im Westen als »siebentes Chakra« oder »Kronenchakra« bezeichnen, und womit sie bestimmte Licht- und/oder Energieempfindungen am oberen Schädelbereich meinen, stellt eine entfernte Widerspiegelung des Lichts aus dieser ersten Ebene dar. Der tausendblättrige Lotus ist ein Ort in der Astralebene, den die Seele auf dem Rückweg in ihre wahre Heimat passiert.

Am *Übergang* zwischen der für die äußeren Augen sichtbaren irdischen Welt und dieser ersten, nur für das innere Auge wahrnehmbaren geistigen Welt spielen sich die sogenannten »Nahtoderfahrungen« ab. Hier ist der dunkle Tunnel, durch den die Menschen fliegen und an dessen Ende das herzerwärmende Licht oder liebevolle Lichtwesen auf sie warten. Die Fegefeuer und Geisterwelten, von denen zum Beispiel Dante in seiner *Göttlichen Komödie* erzählt oder Swedenborg in seinem Werk *Himmel, Höllen, Geisterwelten* berichten, befinden sich im unteren Bereich dieser Ebene. Manche Menschen betrachten übrigens eher unser Erdenleben als ein Purgatorium, als das vielleicht mehr prüfende denn reinigende Fegefeuer, und meinen, dass es im Jenseits nach dem Tode dessen dann gar nicht mehr bedarf, sondern dort nur noch die Früchte unserer Bewährungsproben hier auf Erden erfahren werden, eben in »Höllen« oder »Himmeln«.

Die Himmelserfahrungen aus der christlichen Mystik, die Paradiesbeschreibungen aus dem Judentum und dem Islam, sowie die *Swargas* der Hindus beziehen sich auf die oberen Bereiche dieser immer noch stark materiellen Ebene.

Es sei an dieser Stelle daran erinnert, dass Bezeichnungen wie »unten« und »oben« Umschreibungen sind, die *nicht räumlich* gedeutet werden sollten. Es handelt sich in Wahrheit ja um gleichzeitig existierende, einander transzendierende Bewusstseinszustände!

Die Astralebene ist fast unzählige Male größer als der weltliche Kosmos. Sie enthält unsere sichtbare Schöpfung, so wie ein aufgeblasener Luftballon ganz angefüllt ist mit sehr vielen Luftmolekülen. Unser materieller Kosmos ist, berichten uns Seher aus allen Zeiten, wie ein Stäubchen in einer großen Welt. Eine Ameise mag von ihrem Hügel aus und seinen vielen Wohnungen darin ihre Reisen durch Wald und Feld, durch Wiese und Busch als abenteuerliche Fahrt an den Rand der Welt betrachten. Ein Vogel hat einen sehr viel größeren Lebenskreis, Raumfahrer einen noch größeren. Während wir mit hoher Intensität die Außenräume erforschen und die Grenzen der bekannten Welt immer weiter hinausschieben, wissen wir praktisch nichts von den inneren Welten, die doch sehr viel größer, wundersamer und aufregender sind.

In der Bewusstseinsebene des tausendblättrigen Lotus finden wir zahllose Sterne, Monde und Sonnen. Die Reise der Seele zurück in ihre Heimat gleicht einem stetig neuen Abenteuer, bei dem sie immer wieder durch neue unbekannte Tore gehen muss, die oft genug gar nicht als Tore zu erkennen sind. Sicher kennen Sie Märchen, in denen sich die Heldin oder der Held entscheiden muss, welche Tür er öffnet. So ähnlich ist das auch bei der Reise nach Innen.

Der innere Sternenhimmel

Erst, wenn man den inneren Sternenhimmel durchquert, gelangt man zum inneren Mond und so fort. Die Meditationsmeister leiten dazu an, den inneren Blick – wenn man den Sternenhimmel sieht – in die Mitte eines großen Sterns zu richten, der dann heller werden und aufbrechen kann, um hindurch zu »gehen« bzw. hindurch zu schauen. Auch wenn man den inneren Mond sieht und in der Meditation unverwandt und ohne eigene Erwartung in dessen Mitte blickt, kann er aufbrechen.

Von diesen Bewusstseinsebenen weiß der Islam, wenn uns berichtet wird, dass der Prophet Mohammed, möge er uns segnen, auf seinen geistigen Offenbarungsflügen den inneren Sternenhimmel durchquert und dann den Mond entzweigeschlagen habe – mit dem »Schwert« seiner unverwandten inneren Konzentrations- oder Meditationskraft natürlich, vermittels derer er sich ganz in die Suche nach Wahrheit versenkt hatte.

Auf der »anderen« Seite des Mondes ist ihm, so die Überlieferung, der Erzengel Gabriel begegnet, und hat ihm den heiligen Koran als Offenbarung des Wortes Gottes übermittelt. Diese Zusammenhänge sind im übrigen der spirituelle Hintergrund, warum auf islamischen Fahnen Stern und Halbmond zu sehen sind. Die indische Flagge zeigt das Sonnenrad, das ebenfalls ein weiteres Tor auf der Reise nach innen darstellt.

Durch das erste Tor zum Jenseits, das dritte Auge, führte den Propheten seine Versenkung in Meditation oder stillem Gebet in das *Kalam* oder *Kalma*, das »innere Wort«. Den Sternenhimmel zu durchqueren war ein zweiter Durchgang. Durch den Mond hindurchzusehen, ihn mittels der einpunktig gesammelten und beständigen Aufmerksamkeit mit dem inneren Blick zu »durchbohren«, stellte die Öffnung eines dritten Tores dar.

Ein derartiger Vorgang wird uns auch von Ramakrishna berichtet. Er erlebte die große Weltenmutter und hielt dies für die höchste Gottesoffenbarung, bis sein Lehrer Totapuri auftauchte und ihm auftrug, mit dem Schwert seiner Unterscheidungskraft selbst diese wunderbare geistige Lichtgestalt der großen Mutter zu »zerschlagen«.

Um eine solche Sammlung zu erleichtern, drückte Totapuri Ramakrishna eine Tonscherbe auf das dritte Auge und leitete ihn dazu an, dort konzentriert ins Innere zu schauen und sich mit keiner feinstofflichen Form zufrieden zu geben, sei sie noch so zauberhaft.

Merkmale der Astralebene

Zurück zu den Merkmalen der Astralebene. Hier sind die Formen weniger fest. Wünsche führen umgehend zu ihrer Erfüllung, sobald die Seele sie nur aufsteigen lässt. Jeder Gedanke wird unmittelbar zur astralen Handlung, sobald er nur gefasst wird, der Wille ist bereits die Tat. Die Seele kann sich durch diese Innenräume so rasch bewegen, wie wir in unseren Gedanken jetzt bei diesem Buch sind, im nächsten Moment vielleicht im Louvre in Paris, im nächsten womöglich bei den ägyptischen Pyramiden und danach auf dem Mars.

Die Farben auf der Astralebene (in deren »schöneren« Regionen!) sind leuchtender, die Formen weicher, die Gefühle intensiver, die Gedankenflüge inspirierter, die Seele fühlt sich freier, als das in der Begrenzung des Erdenköpers und unter den Bedingungen der Materie auf diesem Planeten hier möglich ist.

Darin liegt allerdings auch eine sehr große Gefahr. Nämlich, dass man diese zauberhaften Gefilde bereits für das *Alpha* und *Omega* hält, dass sich die Seele in diesen Reichen der lichtberauschten Wunscherfüllung verliert. Deshalb achten kompetente Meister des inneren Wegs darauf, dass die Seelen in ihrer Obhut auf direktem Wege durch die Astralebene in höhere Regionen gelangen, ohne allzuviel von den Verlockungen dort mitzubekommen.

Astralreisen

Vielleicht ist in diesem Zusammenhang eine Bemerkung über sogenannte angebliche Astralreisen angebracht. Man hört oder liest immer wieder einmal davon. In den meisten Fällen gehen Menschen, die so etwas tatsächlich erfahren, wirklich über die Grenzen des Körperbewusstseins hinaus, steigen aber noch keinesfalls in höhere geistige Regionen auf. Vielmehr berichten sie davon, dass sie sich auf anderen Orten auf der Erde aufgehalten oder andere Himmelskörper besucht haben. Sehr selten verlassen sie jedoch den Kosmos der materiellen Schöpfung. Man sollte die Mehrzahl solcher Erlebnisse vielleicht besser mit Emotional- oder Mentalreisen bezeichnen, um den Begriff Astralreisen solchen Erfahrungen vorzubehalten, bei dem die Seele wirklich in nicht-materielle Sphären reist.

Das charakteristische Licht der Astralebene ist das von Tausenden von Kerzen, daher auch der Name »tausendblättriger Lotus«. Der vorherrschende Klang ist der von Glocken und Muschelhorn. Auf der Astralebene verstreicht die Zeit langsamer als bei uns. Dass paradiesische Wonnen hier lange dauern, hat auch eine Schattenseite. Die spirituelle Weiterentwicklung braucht auf dieser Ebene ebenfalls sehr viel länger als auf der irdischen Ebene. Was eine Stunde Meditation im menschlichen Körper bewirken kann, dauert tausende von Stunden in der Astralebene, teilen uns manche Meister mit. Jedoch existiert selbst hier nichts ewig; auch die Astralebene wird eines Tages vergehen. Nach der Beschreibung in der indischen Kosmologie geschieht das bei der sogenannten großen Auflösung.

Der Aufstieg der Seele

Versuchen wir einmal den Aufstieg der Seele aus dem Körper in die Astralebene und ihre Reise durch sie hindurch »idealtypisch« zu verfolgen. Vorweg also der ausdrückliche Hinweis, dass die folgende Beschreibung die typischen Stationen einer ideal verlaufenden Astralreise nennt, aber keinesfalls den Alltag derjenigen darstellt, die sich Tag für Tag auf's Neue in der Meditation darum bemühen, nach innen und »oben« zu gelangen.

Der Mensch schließt die äußeren Augen und sammelt seine Aufmerksamkeit am dritten Auge. Die Aufmerksamkeit ist der Ausdruck der Seele, die sich über die Sinne üblicherweise mit der Außenwelt verbindet. Der sensorische Strom der Aufmerksamkeit zieht sich bei der Konzentration mehr und mehr an das feinstoffliche Zentrum des dritten Auges zurück. Das macht sich vielleicht daran bemerkbar, dass man den Körper vergisst, die Gliedmaßen wie schwer und taub werden, oder daran, dass man spürt, wie feine Ströme aus den Gliedmaßen und dem Rumpf nach oben, zum Kopf hin, ziehen. Unter Umständen spürt man auch Wärme am dritten Auge, ein Pulsieren oder einen gewissen Druck. (Kopfschmerzen oder unangenehme Begleiterscheinungen deuten entweder auf eine ungenau angewandte Methode oder auf den Mangel an einer kompetenten Führung hin.)

Die Wahrnehmung des dritten Auges erfasst zunächst Dunkelheit oder nebliges Licht, wechselnde Farben oder unscharfe Formen, kleine Blitze oder anderes. Wenn man in die Mysterien des Jenseits von einem kompetenten Meister initiiert wurde, das dritte Auge also geöffnet wurde, beginnt nun der »Aufstieg« der Seele in den Zustand des transzendenten Bewusstseins, des Überbewusstseins oder zum *turiya pad*, wie es indisch heißt. Die Aufmerksamkeit der Seele wird gesteigert und der weitere Weg wird geschützt durch besonders geladene heilige Silben, die wie Passworte den Zugang und Durchgang durch die inneren Regionen sichern.

Anfangs sieht man zum Beispiel ein helles Fenster, einen tiefblauen Kreis mit einem gelbleuchtenden Ring darum, einen Lichttunnel, ein wundervolles blaues Auge oder einen gleißenden Lichtschein. Mit der segensreichen Hilfe des Geistführers vermag die Seele früher oder später durch dieses Licht hindurchzuschauen und erkennt einen hellen Lichtpunkt in der Mitte, ähnlich einem funkelnden Stern. Bei fortgeführter Meditation auf dieses Licht findet sich die Seele in einem azurblauen Himmel, der in der inneren Schau wie eine Scheibe oder ein Chakra aussehen kann.

Mit der Gnade des geistigen Meisters umgeht die Seele die niedrigeren astralen Bereiche, es sei denn, dass sie aus Gründen der Belehrung Einblicke darein gewinnen soll.

Unterebenen in der Astralebene

Die niedrigste Astralebene ist ein Ort der ungehemmten Gelüste, wovon tierhafte Seelen nach ihrem Körpertod angezogen werden. In einer dunklen und schreckenerregenden Umgebung ernten böse Geister die Folgen ihrer üblen Handlungen auf der Erde. Das ist keine »ewige Hölle« oder »ewige Verdammnis«, sondern ein Durchgangsstadium.

Weiter oben gibt es angenehmere Bereiche, unter denen manche außergewöhnlich schön und anziehend sind, sowie »Ruheräume«, in denen Seelen auf die Inkarnation auf der Erde warten.

Darüber wölbt sich eine wahrhaft astrale Welt, ein Himmel voller glitzernder Sterne und strahlender Sonnen. Der Reisende hört hier den inneren Klangstrom als nicht endende Melodie. Er durchquert die Sternensphäre, »zerschneidet« den Mond und »durchbricht« das Innerste der Sonne, die sich aufzulösen scheinen und den Weg freigeben, während er durch sie hindurchgeht, aufsteigt, sich erhebt (wie soll man den Flug der erwachenden Seele in andere Bewusstseinsreiche mit normalen irdischen Begriffen bezeichnen?) – alles mit dem Segen und an der bis jetzt noch unsichtbaren Hand des gnädigen Geistführers.

Die Himmelskörper der Astralwelt sind keine materiedichten festen Körper, sondern leuchtende, auf gewisse Weise transparente Lichtenergie-Gebilde, die oft als Tor zu einer dahinter liegenden Welt dienen.

Die Kraft von Licht und Klang

Während der Seelenreisende nun weiter aufsteigt, hört er den Klang einer himmlischen Glocke, danach die Melodie eines Muschelhorns, und wird von dieser Musik erfüllt und erhoben. Diese Sphärenmusik, wie Pythagoras sie nannte, dient als Bestätigung, auf dem richtigen Weg zu sein; sie wirkt gleichzeitig wie ein Seil, das den Aspiranten durch die Ebenen zieht, wenn er sich nur mit seiner Aufmerksamkeit daran festhält. Außerdem befreit sie die Seele nach und nach von den Hüllen von Gemüt und Ego, die sie bedecken und ihre Selbsterkenntnis behindern. Diese Himmelsklänge sind eine Ausdrucksform jener Kraft, die in einem kompetenten Meister als Christuskraft oder Gotteskraft offenbart, um die Erlösung der Seelen von deren Verhaftung an die materiellen Bewusstseinszustände zu bewirken.

Der mehrfach erwähnte Wissenschaftler und Meditationsmeister Sant Rajinder Singh hat durch ein griffiges Beispiel deutlich gemacht, was es damit auf sich hat, dass sich die Kraft des inneren Lichts und Klangs in so unterschiedlichen Formen zu zeigen scheint:

Wenn man sich vorstellt, dass ein und derselbe Taktstock einmal sanft an ein Glas angeschlagen wird, ein anderes Mal an eine Metallschale, dann wieder an einen Tonkrug und schließlich an ein Holzbrett, so erklingen jedes Mal unterschiedliche Töne. Ein und derselbe Taktstock, andere Klänge. So verhält es sich auch mit der inneren Musik: ein und dieselbe Kraft, die in Ebenen unterschiedlicher Dichte auf jeweils andere Weise zu vernehmen ist.

Das Gleiche gilt sinngemäß für das innere Licht. Der Lichtstrahl einer Taschenlampe sieht in der Luft anders aus als im Wasser, in einem Obstsaft oder in Öl. Das Medium, in dem die Kraft wahrgenommen wird, »färbt« deren Erscheinungsform.

Wenn ein Schwan, der auf dem See schwimmt, in eine Öllache gerät und sein Gefieder verschmutzt wird, kann er sich nicht mehr vom Wasser erheben, um davonzufliegen. Seine Federn müssen erst gereinigt werden, damit er wieder fliegen kann. Ähnlich ist es mit uns. Erst, wenn die Seele ganz von allen Bedeckungen befreit ist, wenn die dunklen Hüllen von Zorn, Lust, Habgier, Verhaftung und Ego ihre Wahrnehmungsfähigkeit nicht mehr fast völlig ersticken, kann sie sich wie der sprichwörtliche Schwan aus dem Wasser der Erde erheben, um in die Lüfte des Geistes zu fliegen.

Nur, wenn der Sinn der Seele auf die Schöpferkraft ausgerichtet ist, die alles geschaffen hat und sie sich nicht mehr in den vergänglichen Erscheinungsformen verliert, nur dann wird sie in der Lage sein, auf ihrer Suche nach sich selbst und nach ihrem Ursprung voran zu kommen.

Der Flug der Seele beginnt am dritten Auge und endet in Gott. »Liebe beginnt im Fleisch und endet im Geist«, sagt die Heilige Schrift. Die Reise der Seele beginnt im menschlichen Körper, in dem sie derzeit gefangen ist, und führt durch immer feinstofflichere Bereiche zur Quelle, aus der alles entstanden ist. Licht und Klang sind dabei Richtschnur und Rettungsleine, sie sind ein reinigendes Elixier, das die Verschmutzung und Bedeckung der Seele durch unzählige Schichten von Gedanken, Gefühlen, Wünschen, Worten und Handlungen beseitigt, die eben nicht auf die Suche nach der ewigen Wahrheit, sondern auf die Erfüllung vergänglicher Gelüste gerichtet waren.

Die Reise zur Wahrheit ist eine Reise, deren Voraussetzungen und Stationen man erstaunlich treffend beschreiben kann. Angelus Silesius fragte im »Cherubinischen Wandersmann« in diesem Zusammenhang:

»Christ mein, wo läufst du hin? Der Himmel ist in dir!
Was suchst du ihn denn erst bei eines andern Tür?«

Und weiter:

»Wenn du denkst, Gott zu schau'n, bild dir nichts Sinnlich's ein!
Das Schau'n wird inner uns, nicht außerhalb uns sein.«

Drei Wege

Fahren wir in der Beschreibung der Reise nach innen fort. Wenn der Aspirant weiter in der Astralebene aufsteigt (bzw. tiefer in sie hineingelangt), dann kommt er an eine Stelle, an der sich drei Wege scheiden, einer zur Linken, einer zur Rechten und einer zur Mitte. Wir erinnern uns, dass diese Begriffe nicht wörtlich zu nehmen sind!

Der Weg zur Linken führt in die Region der Schamanen, Rishis und Yogis. Hier herrscht, so heißt es, *Kal*, die Kraft des universalen Gemüts, die Kraft der Zeit, der Relativität. Dr. Julian Johnson beschreibt in seinem Werk *Der Pfad der Meister* (Radha Soami Satsang, Beas 1977, 11. überarbeitete Fassung, Kap. 5, besonders ab S. 304; die deutsche Ausgabe scheint nicht den vollständigen Text zu enthalten!) diese Kraft, die im indischen Sprachraum oft auch *Brahm* genannt wird. Dieser Begriff wird wiederum mit »Gott« gleichgesetzt, und das führt zu einer Reihe von Missverständnissen und Verwirrungen. Hier ist leider nicht der Ort, an dem wir auf dieses sehr spannende Thema wirklich eingehen können.

Nie wird »der Fürst der Welt« freiwillig Seelen aus seinem Herrschaftsbereich der drei Welten herauskommen lassen, damit sie zu ihrem Ursprung (der auch Kals Ursprung ist!) zurückgelangen, zur Quelle der Schöpfung, zu Gott. Immer wieder verstrickt Kal über die subtile Kraft des Karma, über die feine Kraft von Gedanken und Gemüt die Seelen in das Netz der Verhaftung an schöne oder schlimme Phänomene dieser drei Welten. Immer wieder bleibt die Seele an einer der Dornen der Formen hängen. Es ist, als ob ein Seidentuch über einem Rosenstrauch liegt, das nur sehr behutsam, mit gesammelter Aufmerksamkeit und fortdauernder Sorgfalt, von den Dornen gelöst werden muss, bevor es unversehrt in die Höhe genommen werden kann. Nur ein Geistführer, der nicht unter der Herrschaft von Kal steht, sondern von Gott als Erlöser gesandt wird, kann helfen, nach und nach das Seidentuch der Seele vom Dornenstrauch der Begierden und Ängste, der Identifizierung mit Raum und Zeit zu lösen. Licht und Klang sind die anziehenden, erhebenden Hilfsmittel und Kräfte, welche die Seele auf den verschlungenen Pfaden aus Raum und Zeit herausführen.

Übernatürliche Kräfte

Auf dem linken Pfad begegnet man zahllosen Asketen, die sich tief in ihre Übungen versenkt haben, um besondere übernatürliche Kräfte (*riddhis* und *siddhis*) zu entwickeln, und die bei der Bewirkung dieser vermeintlichen spirituellen Wundern glauben, bereits das Ziel allen Strebens erreicht zu haben. Sie treten als Astralwesen voller Wissen und medialer Fähigkeiten auf, sie verblüffen mit Einblicken in die geistige Hierarchie (der unteren Welten), sie bieten dem Seelenreisenden den Erwerb eigener Wunderkräfte an – aber all das nur, um ihn vom Fortschritt auf seinem Weg, vom Durchqueren der Astralregion, abzuhalten. Das muss nicht bösen Willens erfolgen. Darüber, dass sie selbst noch keineswegs die höchsten Stufen erreicht haben, sind sich die meisten dieser Geistwesen, so die Aussagen von Weisen durch die Zeiten, selber gar nicht klar! Wenn man mit besonderen »geladenen« Kraftworten gewappnet ist und diese Astralwesen damit prüft, so lösen sich ihre Versprechungen und sogar sie selbst auf! Sonst wird man hier »feststecken«, bis ein Mystiker der höchsten Ordnung die Seele befreit. Etliche der okkulten Gemeinschaften, die rund um Menschen mit parapsychologischen Kräften im 19. und Anfang des 20. Jahrhunderts entstanden sind, beruhen auf dem Zugang zu solchen astralen Ebenen und den medialen Kräften, die dort erworben werden können.

Der Weg zur Rechten führt in sehr viel höhere geistige Universen des Lichts, der überpersönlichen Liebe und der berauschenden Freude. Und doch stellt auch er eine spirituelle Sackgasse dar. Nur der mittlere dieser drei Wege führt wirklich weiter nach »oben« oder »innen«. Am Ende dieses Wegs, im letzten oder höchsten Abschnitt der Astralebene, nimmt der von einem Geistführer geleitete Seelenreisende dessen strahlende Lichtgestalt wahr. Es ist zwar durchaus möglich, dass die Seele die strahlende Lichtgestalt auch schon vorher sieht, dann jedoch als reinen Gnadenakt. Außerdem ist zu beachten, dass kompetente Meister die Seele meistens durch die Astralebene auf eine Weise geleiten, dass sie die vorher angedeuteten Sphären und Phänomene gar nicht wahrnimmt, um sie eben nicht abzulenken oder in Versuchung zu führen. Denn die Seele hat und behält jederzeit den eigenen freien Willen, ihre Aufmerksamkeit hierhin oder dorthin zu lenken.

Übereinstimmende Berichte aus den Religionen

Berichte aus verschiedenen Religionen und Zeiten stimmen überein in ihrer Darstellung solcher Erfahrungen. Tulsi Sahib, ein indischer Heiliger, sagt dazu: »Blendendes Licht schießt aus den Zehennägeln der Füße des Meisters hervor (aus dessen Lichtgestalt) und erleuchtet das Innerste der Seele des Ergebenen.« Rumi beschreibt das Erlebnis, die strahlende Gestalt des Geistführers im Inneren zu sehen auf folgende Weise: »In dem Maße, in dem das Licht des Meisters in der Seele heraufdämmert, erkennt man die Geheimnisse der beiden Welten (der äußeren und der inneren).« Christi sprach von der Begegnung mit dem Geistführer mit diesen Dichterworten: »O Meister! Die Sonne erträgt nicht den Glanz deines Gesichts. Auch der Mond hat sich verhüllt, um deinem gleißenden Licht zu entgehen … In der Form des Propheten hat das Licht Gottes Gestalt angenommen, so wie das Licht der Sonne vom Körper des Mondes gespiegelt wird.«

Die Johannes-Offenbarung verwendet wieder andere Begriffe, um das Erleben der strahlenden Lichtgestalt des Geistführers im Inneren zu vermitteln: »Und ich wandte mich um, zu sehen nach der Stimme, die mit mir redete. Und als ich mich wandte, sah ich sieben goldene Leuchter und mitten unter den Leuchtern einen, der war eines Menschen Sohn gleich, der war angetan mit einem langen Gewand und begürtet um die Brust mit einem goldenen Gürtel. Sein Haupt aber und sein Haar war weiß wie weiße Wolle, wie der Schnee, und seine Augen wie eine Feuerflamme, und seine

Füße gleichwie goldenes Erz, das im Ofen glüht, und seine Stimme wie ein großes Wasserrauschen; und er hatte sieben Sterne in seiner rechten Hand, und aus seinem Mund ging ein scharfes, zweischneidiges Schwert, und sein Angesicht leuchtete, wie die Sonne scheint in ihrer Macht. Und als ich ihn sah, fiel ich zu seinen Füßen wie ein Toter; und er legte seine rechte Hand auf mich und sprach: Fürchte dich nicht! Ich bin der Erste und der Letzte und der Lebendige. Ich war tot, und siehe, ich bin lebendig von Ewigkeit zu Ewigkeit und habe die Schlüssel der Hölle und des Todes.« (Off 1,12–18)

In diesem Text ist eine Fülle dichter und kaum verhüllter Mitteilung über die Christuskraft zu finden. Die Lichtgestalt gebietet über die Sterne, über die Astralebene. Ihre Stimme ist kein Sprechen normaler Worte, sondern ein besonderer, unaufhörlicher Klang. Diese Gestalt sagt von sich selbst, dass sie tot war, dass sie also den Körpertod auf der Erde selbst erfahren hat, aber in ihrem Wesen nicht tot ist oder war, sondern ewig lebt. Sie ist die Kraft, die aus Hölle und Tod befreien kann, die also oberhalb des Gesetzes steht, das für alles Erdenleben in unserer Welt gilt. Das sind Eigenschaften, die allen Erlöser-Meistern aller Religionen zugeschrieben wurden.

Hilfen auf dem inneren Weg

Ein für manche Menschen vermutlich wichtiger hilfreicher Hinweis: Wenn Sie im Inneren eine Gestalt sehen – gleich welche, sei es Jesus, Mohammed, Guru Nanak, Lao tse oder eine andere geistige Wesenheit –, sollten Sie (auch wenn Sie noch nicht von einem kompetenten Meister initiiert worden sind) auf jeden Fall in die Mitte der Stirn dieser Gestalt blicken und dabei mit voller Aufmerksamkeit einen Gottesnamen wiederholen, zum Beispiel »Gott … Gott … Gott« oder »Allah …« oder »Christus …«. Wenn sich diese Gestalt auflöst, handelte es sich entweder um eine Projektion des eigenen Gemüts oder um eine astrale Vorspiegelung falscher Tatsachen.

Wenn sie sich nicht auflöst, sollten Sie fragen: »Wer bist du? Kannst du mich zu Gott führen (alternativ: zur absoluten Wahrheit, zur göttlichen Liebe, zum höchsten Licht)?« Oder: »Was soll ich für meinen weiteren spirituellen Fortschritt tun?«

Sie werden dann mit hoher Wahrscheinlichkeit Führung von innen erhalten, die auch darin bestehen kann, dass Sie auf einen jetzt lebenden kompetenten Meister hingewiesen werden.

Wenn der Seelenreisende die Lichtgestalt des inneren Führers wahrnimmt, kann er von ihm in das Zentrum bzw. in die höchste Region der Astralebene geführt werden, den tausendblättrigen Lotus kosmischer Energie, aus dem sowohl die Astralebene wie die materielle Ebene ihre Energie beziehen. Dieser Ort wird auch als ein herrlicher pulsierender Kosmos beschrieben, in dessen Mitte eine große, hohe Flamme erstrahlt, die diese ganze Ebene mit ihrem Licht illuminiert. Die schönsten Klänge fließen aus dieser Flamme aus und jene, die hierhin gelangt sind (zum Beispiel durch ausdauernde Meditationsübungen unter Zuhilfenahme des Atems bei gleichzeitiger Entwicklung höchster ethischer Tugenden), glauben wirklich, im höchsten Himmel zu sein. Und doch ist das nur der erste Schritt auf dem langen Weg der Mystiker zur Quelle des reinen Schöpfungsbewusstseins. Der menschliche Geist erkennt hier zum ersten Mal, dass er zahllose Inkarnationen hindurch in tiefen unbewussten oder nur halbbewussten Schlummer versunken war, dass seine Wahrnehmung der äußeren materiellen Phänomene nur ein schaler, dunkler Abglanz des Lichts dieser astralen Sphären war.

Die zweite Etappe der Reise: Kausalebene

Der Geist ist nur noch von so leichten Formen umhüllt, dass er frei zu sein scheint. Die Zeit scheint nie zu verstreichen – und doch muss auch diese Ebene bei der »großen Auflösung« vergehen. Hier halten sich Stoff und Bewusstsein die Waage. Wenn die großen Seher von inneren Ebenen sprechen, verwenden sie bisweilen unterschiedliche Begriffe für ein und dieselbe Region, oder sie fassen zwei oder drei ähnliche Ebenen in einem Begriff zusammen. Lernen wir hier Beschreibungen aus der Tradition von *Sant Mat,* dem »Pfad der Meister«.

Ein innerer Tunnel

Danach gibt es am Übergang von der Astral- zur Kausalebene einen unglaublich engen Weg, der wie ein gekrümmter Tunnel oder ein gebogenes Rohr aussieht; Adepten des Orients nennen ihn *Bankanal.* Der große Kabir hat diesen tunnelartigen Zugang in die Mental- oder Kausalwelten als von der Größe eines Zehntels eines Senfsamens beschrieben und er vergleicht das menschliche Gemüt mit der Größe eines Elefanten. Dieses elefantengroße Gemüt versucht nun mit aller Macht, durch den Tunnel zu gelangen, der kleiner als ein Senfkorn ist. Guru Nanak spricht davon, dass dieser Tunnel die Breite eines Haares besitze. Andere Mystiker haben ihn mit einem Nadelöhr verglichen. Für eine Seele, die sich erst noch auf dem Weg zur Selbsterkenntnis befindet, ist es ohne die Hilfe eines Adepten als Reisebegleiter unmöglich, in diesen Tunnel zu gelangen, geschweige denn, ihn zu durchqueren.

Die mystische Literatur teilt mit, dass er U-förmig sei, zunächst geradeaus führt und dann plötzlich steil nach unten abfällt. Später steigt der Weg wieder an und durchquert eine Region, die bei den Sufis als der »siebente Himmel« heißt. Wenn der Seelenreisende den *Bankanal*-Tunnel wieder verläßt, wirkt die innere Schau wie umgekehrt, als ob man auf der anderen Seite eines Spiegels angekommen sei. Nun befindet sich die Seele in *Brahmanda*, dem »Ei von Brahma« (*Anda* bedeutet »Ei«), einem geistigen Bewusstseinsraum, der als elliptische Form erscheint.

Welt und Astralebene in der Kausalebene enthalten

Die Astralebene schließt als noch überwiegend materieller Bewusstseinsraum mit immerhin aber deutlichem Anteil an spiritueller Bewusstheit unsere materielle Schöpfung ein, in der es kaum

Bewusstsein gibt. Die Kausalebene umfasst als Region, in der sich Stoff und Geist in etwa die Waage halten, sowohl die Astralebene wie die irdische.

Ihre Größenverhältnisse zueinander lassen sich vielleicht an folgendem Beispiel anschaulich machen: Wenn die weltliche Schöpfung wie eine Erbse ist, dann ist die Astralebene wie ein großer Topf, in dem die Erbse liegt, und die Kausalebene ist dann wie das Haus, in dem der Topf in der Küche steht.

Oder, um es in einem Vergleich von Lebewesen mit entsprechendem Bewusstsein auszudrücken: Wenn das Bewusstsein auf der Kausalebene so wach ist wie das eines Elefanten, so gleicht die Bewusstheit der Astralebene dem einer Ameise, die auf dem Elefanten herumkrabbelt. Das Bewusstsein von uns noch nicht erwachten Seelen hier im menschlichen Körper in der materiellen Welt gleicht dem eines Bakteriums, das auf der Haut der Ameise haftet. Erschreckend? Ja, das ist der Zustand der Unbewusstheit auf diesem unseren Planeten tatsächlich, auf dem Neid, Habgier, exzessive Lusterfüllung, Hass und Machtansprüche das Alltagsleben weitgehend bestimmen.

Ein drittes und letztes Beispiel, was für empfindsame Leser etwas versöhnlicher klingen mag: Wenn unser Alltagsleben mit dem traumlosen Tiefschlaf verglichen wird und damit, wie relativ unbewusst, dumpf und unbeweglich wir in dieser Zeit sind, so ist die Astralebene wie die Traumphasen. Während des Traums liegt der Körper zwar unbeweglich an seinem Platz, aber wir erleben alles Mögliche, in fernen Gefilden, mit neuen Menschen … Die Bewusstheit der Kausalebene ist in diesem Vergleich wie das Tagesbewusstsein, wenn wir gerade aufwachen und merken, dass das, was wir soeben erlebt haben, nur eine Träumerei war. Und das Bewusstsein oberhalb der Kausalebene? Das ist wie ein entrücktes, in Liebe und Licht erhobenes Überbewusstsein, wie es uns Seher und Heilige aus ihren Visionen und Offenbarungen schildern!

Man kann sich die Ebenen entweder so vorstellen, als ob sie ineinander gehören, wie die russischen »Puppen in der Puppe«. Man kann sie sich auch als Oben, Mitte und Unten vorstellen, wobei Oben die Kausalebene wäre, in der Mitte die Astralebene und Unten unsere irdische Welt. Letztlich sind das aber alles nur Hilfskonstruktionen, die – wenn man beginnt, diese Ebenen selber mit dem inneren Auge der Seele zu schauen und in sie zu reisen – nicht mehr notwendig sein werden. Zurück zur Beschreibung der Kausalebene.

Zwei große Unterteilungen der Kausalebene

Brahmand (oder: *Brahmanda*) ist in zwei größere Ebenen unterteilt, in *Trikuti* und *Daswan Dwar. Trikuti* bedeutet wörtlich »Drei Berge« oder »Drei Erhebungen«. Das sind die mythischen Berge *Mer(u)*, *Sumer* und *Kailash*, deren Namen ursprünglich rein symbolisch für die innere, nur esoterisch-geistig erfahrbare Wirklichkeit dreier Erhebungen in der unteren Kausalebene standen. Inzwischen sind aber drei Berge im Himalaya als exoterische, angebliche Kraftorte mit eigener Ausstrahlung zum Ziel von Pilgerfahrten geworden, vor allem im tibetischen Buddhismus und für manche Hindugemeinschaften. *Daswan Dwar* heißt »Zehntes Tor« und bezeichnet einen geheimen Zugang von der Kausalebene zur nächsthöheren Ebene.

Im Bereich von Trikuti reist die Seele durch eine Zwischenebene »rumpelnder Planeten«, wie der Bewusstseinsforscher Dr. George Arnsby Jones schreibt (in *Sat Sandesh*, September 1975, S.25ff). Er spricht von »pulsierenden Planeten« und davon, dass die Seele, wenn sie nach oben blickt, in Richtung dieser pulsierenden Planeten, »in eine Region burgenähnlicher Gebäude gelangt mit hohen Türmen und Spitzen«. Dort verbringt die Seele eine Zeit und wird von den Eigenschaften der Hingabe und des Glaubens erfüllt und sieht sich selbst bald sogar als Herrn dieser Ebene.

In dieser Ebene befindet sich das, was man in der Esoterik die »Akasha-Chronik« nennt, im Christentum das »goldene Buch

Gottes« und in den Lehren der Sant Mat-Lehrer »karmische Aufzeichnungen«. Hier in dieser Region sind alle Aktionen und Reaktionen, alle Ursachen und Wirkungen, alle noch nicht erfüllten Wünsche und Träume, Sorgen und Ängste, alle noch nicht erlebten »Belohnungen« sowie alle noch nicht zugemessenen »Strafen« verzeichnet.

Das bereits erwähnte Gesetz von Ursache und Wirkung, das Gesetz des Karma, regiert die drei Welten, die irdische, die astrale und und die kausale, von wo aus es seinen Ursprung nimmt. Dieses Gesetz, dass kein Gedanke, kein Gefühl, kein Wort und keine Tat verloren geht, dass kein Impuls sich ins Nichts auflöst, führt, wie bereits erwähnt, zum Phänomen der Reinkarnation.

Wünsche und drei Welten

Solange sich Seelen mit Wünschen innerhalb dieser drei Welten identifizieren oder Handlungen in ihnen ausführen, müssen sie in immer wieder neuen Körpern, grobstofflichen menschlichen oder feinstofflichen geistigen Formen wiederkommen, um die Früchte und Folgen ihrer Wünsche und Handlungen zu ernten. Warum begegnen wir diesem Menschen und nicht einem anderen? Warum werden wir mit bestimmten Eigenschaften unseres/r Parter/in konfrontiert? Ist das alles Zufall, oder hat es Ursachen, auch wenn diese vom Alltagsstandpunkt aus nicht sichtbar sein mögen? Und wie sollten, wie könnten wir denn auf Ebenen leben, die ganz oder teilweise materiell geformt sind, ohne zu handeln? Wir müssen doch essen und trinken, wir denken doch ständig an andere Dinge als Gott, Allah, Jahve, Christus und Buddha, oder nicht? Ein Teufelskreis, aus dem es kein Entrinnen gibt – auch deshalb ist die Hilfe eines Messias not-wendend! Hier auf der Kausalebene, wo die Aufzeichnungen von Vergangenheit und Gegenwart – manche sagen: auch der Zukunft – geführt werden, erhalten wir Antworten auf diese Fragen.

Wenn der Seelenreisende die Region der »Karma-Burg« erreicht, werden die unzähligen Keime von künftigen Inkarnationen, die notwendig wären, um die Keime zur Reife gelangen zu lassen, die sich in den zahllosen vergangenen Leben in unterschiedlichen Körpern und Formen auf unterschiedlichen Ebenen wie in einem riesigen Lagerhaus angehäuft haben, durch die geistige Kraft des Geistführers sozusagen »geröstet« und damit unwirksam gemacht.

Über dieser Burg erscheinen dunkle unendlich große Wolken, aus denen unaufhörliches kosmisches Donnergrollen zu hören sei, wie Dr. Jones weiter berichtet. Die vom alten Karma inzwischen befreite Seele erhebt sich dann unter der Führung des barmherzigen Begleiters über die Wolken und erblickt eine überwältigende rote Sonne in der Mitte eines rot gleißenden Himmels, die sogenannte »rote Sonne von Trikuti«.

Trikuti ist nicht nur die Region des Karma, sondern auch des Wissens. Hier entstanden und entstehen fortlaufend die drei kosmischen Attribute oder *gunas*, welche die Schöpfung bewegen bzw. erhalten und bestimmen: Harmonie, Bewegung und Trägheit. Manche Leser werden sie unter anderem Namen in Bezug auf menschliche Merkmale oder in Bezug auf Nahrungsmittel kennen, wenn man von *sattvic, rajsic* und *tamsic* spricht. Andere Bezeichnungen dafür sind *sattvic* = heilend, klärend, *rajsic* = stärkend, kräftigend und *tamsic* = belastend, abstumpfend. Es ist nur natürlich und in dieser oft so abstoßenden Welt wundervoll, wenn sich strebende Menschen um eine heilende, klärende Lebensführung bemühen.

Aber selbst das wird uns nicht vom Rad der Geburten befreien. Statt »eiserner Karmaketten« als »Strafe« für üble Handlungen etc, erhalten wir »goldene Käfige« als »Belohnung«, denn das völlig gerechte, aber auch unerbittliche Gesetz des Karmas schreibt für jede Ursache eine Wirkung vor, und sei sie noch so gut. Deshalb empfehlen die Heiligen, keine der drei *gunas* mehr zu pflegen, sondern sich einzig und allein auf den Willen Gottes einzulassen und abzustimmen, nach dem bekannten Wort »Dein Wille geschehe«.

Nur wenn der Eigenwillen vollkommen erlischt – also noch nicht einmal positive Impulse übrig bleiben – kann echte Freiheit erreicht werden. Das ist jedoch nur möglich, wenn die von vielen Schichten von Karma bedeckte Seele mit dem himmlischen Elixier von Licht und Klang von diesen »Schmutzschichten« gereinigt wird. Wie ein Nagel, der über und über von Rost und Dreck bedeckt ist, sich nicht mehr von einem Magneten anziehen lässt, so lässt sich auch die Seele nicht von der Schöpferkraft anziehen, solange sie über und über mit karmischen Eindrücken, mit unerfüllten Wünschen und Verlangen oder mit belastenden Sorgen und Ängsten, bedeckt ist.

Eiserne Ketten und goldener Käfig

Noch ein Wort zum Bild von den »eisernen Ketten« und dem »goldenen Käfig«. Der klassische Ausspruch aus dem Osten lautet: So oder so werde die Seele in Ketten gefangen gehalten, eben in eisernen oder in goldenen. Dem Verfasser scheint jedoch die Gegenüberstellung von Ketten und Käfig ein deutlicheres Bild zu ergeben. Aus folgendem Grund: Wenn wir uns in üblen Umständen befinden, wenn wir uns vom Schicksal geknechtet fühlen, dann ist es offensichtlich, dass wir uns als unfrei erfahren, dass wir uns durch eine schwere Lebenslast wie mit unauflösbaren Ketten gebunden und unfrei fühlen.

Was ist jedoch, wenn wir uns vom Schicksal begünstigt fühlen, als Liebling der unsichtbaren Dame Fortuna, vom Glück überschüttet? Dann erleben wir uns eben nicht als in Ketten gelegte Galeerensklaven, sondern als vermeintlich freie Wesen, die scheinbar überall, wo sie auch sein mögen, nur ein goldenes Leuchten wahrnehmen. Das ist im Bild des Verfassers der mehr oder weniger große Käfig, der – solange der Vogel nicht an die Gitterstäbe stößt – Freiheit vorgaukelt, Licht und freudvolles Dasein.

Zurück zu Trikuti: auch diese Region, in der sich Stoff und Geist in etwa die Waage halten – die »weiter unten« dichter, »weiter oben« feiner ist – stellt einen zwar sehr großen, dennoch aber leider immer noch begrenzten goldenen Käfig dar. Immerhin, hier in Trikuti erlebt die Seele zum ersten Mal die Kraft der Anziehung der göttlichen Musik ganz deutlich. Die Sphärenklänge überlagern alle früheren Erfahrungen aus der astralen und physischen Region. Die in die Mysterien des Jenseits initiierte Seele sieht die kosmische Gestalt einer leuchtenden Lotusblüte mit vier Blütenblättern, überwiegend in Rottönen, die strahlender und facettenreicher werden, je näher die Seele kommt. Sie hört den herrlichen Klang einer riesigen Trommel, die beständig geschlagen wird. Deren Klänge erheben die Seele weiter nach oben und begleiten sie bei ihrer Reise – richtiger vielleicht: bei ihrem Flug – durch die Weiten der Kausalwelt mit ihren Milliarden von Sternen und Planeten, Sonnen und Monden.

Die Seele erkennt hier, dass sie ihrem Wesen nach etwas völlig Anderes ist als das materielle Universum, in dem sich unsere Körper bewegen, und auch etwas völlig anderes, als die Gemütsebene, auf der sich unsere Gelüste, Verlangen und Sehnsüchte ausbreiten. Die Seele ist wie ein Vogel in einer sehr großen Volière, der bislang immer am Boden herum gehüpft ist und bestenfalls etwas hin und her geflattert war, immer dicht über dem Boden. Nun beginnt er zum ersten Mal, sich richtig etwas höher über den Boden zu erheben und in der Luft zu fliegen.

Der Seelenvogel findet Freiheit im Flug durch die Kausalebene, er sieht herrliche Gärten in wunderbaren symmetrischen Mustern und leuchtenden Farben, er ist eingehüllt in eine Symphonie himmlischer Klänge, funkelnde Ströme himmlischen Nektars fließen durch diese Region … Mit der Hilfe seines Geistführers gelangt die Seele an ein leuchtendes Meer, das er auf einer gewaltigen Brücke aus Licht überquert. Nun sieht er die zuvor erwähnten drei großen, ehrfurchtgebietenden »Berge« Mer(u), Sumer und Kailash vor sich. Diese Erfahrung stellt für manche spirituellen Wege den Höhepunkt und die Vollendung dar, und doch ist es für die Meister des mystischen Pfades der Liebe nur die zweite innere Etappe der Seelenreise.

Welche Freiheit suchen wir?
Manche Bewusstseinsforscher sehen hier in Trikuti die Ursache für die Vorstellung von der Dreieinigkeit, die keineswegs nur im Christentum bekannt ist oder gar von ihm zuerst geprägt worden wäre. Brahma, Vishnu und Shiva, die drei Aspekte des »universalen Gemüts«, gelten im Westen als »Götter«. Im Osten betrachtet man sie – wenn man von naiven Vorstellungen in der Volksfrömmigkeit absieht – jedoch als drei Aspekte ein und derselben Kraft, nämlich jener Schöpferkraft, welche die irdische Welt, die Astralwelten und das Kausalreich hervorgebracht hat. Das ist jedoch noch nicht »Gott«, das ist noch nicht dieselbe Kraft, welche die Seelen geschaffen hat!!! Wir befassen uns hier mit einem komplexen Geflecht von Anschauungen und Dogmen, von Mythen und mystischen Erfahrungen.

Aus dem weiter oben nur sehr knapp skizzierten Entwurf eines komplexen Schöpfungsmythos ergibt sich vor allem eins: Alle Erscheinungen auf den Zwischenebenen, alle Phänomene, Geistwesen, Lichterfahrungen und so fort, sollten immer daraufhin überprüft werden, ob sie wirklich die höchsten sind oder nicht. Der »Fürst der Welt«, so die Bibel, oder »Kal«, so der Osten, die Kraft also, welche die drei Welten von physischem Kosmos, Astralebene und Kausalebene geformt hat, setzt alles daran, sie mit verkörperten Seelen bevölkert zu halten. Denn wer erfährt, dass er Bewusstsein ist, dass er in Wahrheit Licht und Liebe ist, wird sich ja nicht mehr am schönen oder schaurigen Spiel dieser Welten beteiligen wollen. Eine erwachte Seele wird den verschiedenen Körperhüllen keine allzugroße Bedeutung mehr zumessen und wird innerlich völlig frei sein. Frei, den Willen Gottes zu tun und nicht mehr den Eigenwillen und damit auch frei von den Bindungen von Karma. Denn wer keine Ursachen mehr wirkt, muss auch keine Folgen erwarten. Er ist frei, schon in diesem Leben als Bewusstsein in der ursprünglichen Schöpferkraft aufzugehen.

Ein Beispiel: Wer erkennt, dass er Autofahrer ist, und weder Karosserie noch Motor noch Reifen etc., wird doch das Auto nicht höher bewerten als sich selbst. Er wird das Auto zwar durchaus gebrauchen, er wird Benzin und Öl und Luft hineintun, aber er wird doch selber etwas anderes zu sich nehmen – Brot, Obst, Wasser ... Wer erkennt, dass er Autofahrer ist und nicht Auto, wird doch selbst bestimmen, auf welcher Straße zu welchem Ziel er fährt. Und wenn eines Tages das Auto seinen Dienst getan hat, wird er doch nicht im Auto sitzen bleiben, während es von der großen Presse auf dem Schrottplatz in ein handliches Päckchen zusammengestaucht wird, sondern er wird vorher aussteigen und seinen Weg gehen.

Lässt sich das alles überhaupt in Worten schwarz auf weiß beschreiben? Genau genommen natürlich nicht. Der Lubawitscher Rebbe Menachem Mendel Schneerson hat aber einmal zum Thema, ob die eigentlich völlig unlogische Schöpfung und die noch weniger logische Gnade Gottes nicht auch im menschlichen Verstand aufscheinen könne, gesagt:

»Unlogisch? Stimmt. Aber Logik ist nur eine Seiner Schöpfungen. Jener, der die Logik schuf, kann sie auch unbeachtet lassen. Und: »Wir müssen das beschreiben, was man nicht beschreiben kann, wir müssen das erklären, was man nicht erklären kann. Wir müssen zu jenem Stadium der Einsicht gelangen, dass wir erkennen: Wir wissen nicht. Schließlich kann Gott überall auftauchen – sogar im menschlichen Verstand.« (Quelle: *Den Himmel auf die Erde bringen*, S. 44,45)

Seelenzustände

Vielleicht ist ein Bild aus der Physik als Analogie hilfreich, das verschiedene sogenannte Aggregatzustände aufzeigt, um den Zustand der Seele in verschiedenen Ebenen vergleichsweise anzudeuten. Wir kennen Wasser in fester Form als Eis, in flüssiger Form als das übliche Wasser und in Form von heißem Wasserdampf.

- Im Körper eines nur materiell gestimmten Menschen ist die Seele wie ein Klumpen Eis, hart, unbeweglich, kalt.
- Wenn die Sehnsucht nach mehr als der vergänglichen Körper-

welt, nach mehr als instinkthaften Wünschen und intellektuellen Spielereien erwacht, beginnt das Eis zu schmelzen.

- Auf der Astralebene ist die Seele wie flüssiges Wasser, das sich leicht überall anpassen und hinfließen kann.
- Auf der Kausalebene ist die Seele wie heißer Wasserdampf; sie steigt auf, sie löst sich vom Boden.
- Ist das die höchste Stufe? Nein, die höchste Stufe besteht darin, dass sich sozusagen das Wassermolekül als das erkennt, was es ist – nämlich kein Stoff, sondern eine Energie.

Hazur Baba Sawan Singh (1858–1948), der als Vater der spirituellen Renaissance der Mystik des inneren Lichts und Tons im 20. Jahrhundert gilt, hat einen sehr anschaulichen Vergleich zur Bewegung der Seele durch die verschiedenen Ebenen gebracht, der gut hierher passt. Er sprach davon, dass sich die Seele durch die Verbindung mit der göttlichen Musik im Inneren erhebt und dass sich diese Reise von der grobstofflichen Welt der Materie bis hinauf (oder hinein) nach Sach Khand, in die wahre Heimat, in unterschiedlicher Geschwindigkeit vollzieht.

- Unser Bemühen, die Aufmerksamkeit der Seele von der Welt zurückzuziehen und sie am dritten Auge zu sammeln, gleicht der Ameise. Sie klettert eine glatte Wand hinauf, und fällt wieder herunter, sie klettert wieder hinauf. Bis sie schließlich oben anlangt, hat sie eine langsame und mühevolle Arbeit hinter sich.
- In der Astralebene ist die Seele wie eine Spinne. Sie kommt von der Decke herunter zum Boden und geht an ihrem eigenen Faden wieder hinauf. So ist sie unabhängig von der Wand und kann sich recht flott bewegen.
- In der Kausalebene ist die Seele wie ein Fisch, der stromaufwärts schwimmt und springt.
- In der ersten rein göttlichen Ebene schließlich ist die Seele wie ein Vogel, der vom Gipfel eines Berges direkt herunter zur Erde kommt und genauso einfach wieder nach oben fliegen kann, ohne jedes Hindernis bei seinem Flug. (Quelle: *Spiritual Gems*, Radha Somai Satsang, Beas 1976, S. 354.)

Nehmen wir unseren Faden wieder auf und hören wir, was Mystiker zur weiteren Reise der Seele durch die inneren Ebenen mitteilen.

Die dritte Etappe der Reise: Superkausalebene

Hier wird die Seele weiter »gereinigt« bzw. von verbleibenden Verhaftungen an dichtere Ebenen und Hüllen befreit. Sie »badet« in einem kosmischen See der Unsterblichkeit, der *Mansarovar* oder *Amritsar* genannt wird. Der Goldene Tempel im Punjab in Nordwestindien mit dem See, der ihn umgibt, ist eine äußere weltliche Replik von spirituellen Erfahrungen auf der geistigen Ebene. Nur dass sich dort im Inneren kein Tempel inmitten des Sees der Unsterblichkeit erhebt, sondern eine ungeheuer große Blume, deren Blüte nie verwelkt und deren Duft nie versiegt.

Der innere, rein geistige See der Unsterblichkeit ist der einzige wahre Wallfahrtsort, zu dem zu pilgern die Seele wirklich erhebt und segnet. Hier fallen alle Schichten und Bedeckungen von ihr ab. Hier erfährt sie, dass Leben wirklich Licht und Klang ist. Dieser kosmische See wird auch Tribeni genannt, die Vereinigung dreier Ströme. Drei kosmische Ströme von Liebe, Licht und Macht strömen herab vom Höchsten Herrn, um die Universen zu erhalten und zu nähren. Wenn sich die Seele aus diesem See erhebt, hat sie die Kausalhülle abgelegt. Hier erkennt sie, dass sie vom selben Wesen wie die Schöpferkraft ist, und hat ihr Ziel doch noch nicht erreicht. Die Zeit erscheint als ewig bzw. als nicht mehr existent; die Seele ist jenseits der Notwendigkeit zur Wiederkehr in dichtere Formen auf unteren Ebenen. Jedoch kann sie aus eigener Kraft den letzten Schritt in die rein geistige Region nicht machen, sondern braucht auch dazu die Hilfe der Gottes-, Christus- bzw. Meisterkraft dazu.

Die letzte Etappe der Reise: Die Heimat der Seele

Nachdem die Seele *Maha Sunna*, die »schwarze Leere«, glücklich durchquert hat, erreicht sie *Bhanwar Gupha*, die »sich drehende Höhle«. Die Seele gelangt mit Hilfe ihres Geistführers durch einen Energie-Vortex, der *Hansni*-Tunnel heißt, tritt dann in den *Rukmini*-Tunnel ein und erlebt dort einen Anblick und hört eine Musik, die ihre Aufmerksamkeit so vollständig absorbiert, dass sie vollkommene Erfüllung und wahren Frieden erlangt.

Hier strahlt die Seele so hell wie zwölf Sonnen, hier erkennt sie das, was im Bibelwort »Ich und der Vater sind eins« zum Ausdruck kommt, und was auch in anderen Religionen als mystische Erfahrung beschrieben wird. Im Hinduismus heißt es *Tat vam asi*, Yogananda spricht von *So-ham*, der mystische Islam von *Anahu*. Alle drei Ausdrücke sind Umschreibungen des Begriffs, »Ich bin er« und »Du bist das«. Von dieser Ebene ist der nächste und letzte Schritt der Eingang in *Sat Lok*, *Sach Khand* oder die »Heimat der Seele«. Dort erfolgt, was die christliche Mystik des Mittelalters *unio mystica* nannte.

Ein Wort der Klärung

Was soll man zu diesen hohen Ebenen sagen? Was kann jemand, der wie ein Frosch im Brunnen sitzt und nach oben zu den Wolken am Himmel blickt, darüber sagen, wie es ist, wenn ein Adler sich in die Lüfte aufschwingt und in höchsten Sphären die Sonne oberhalb aller Wolken erblickt? Deshalb ist an dieser Stelle ein sehr wichtiger Hinweis vonnöten, um Missverständnisse von vorneherein auszuschließen. Die Beschreibungen der Seelenreise durch die inneren Ebenen sind sehr lückenhaft, sie beruhen zumeist auf Berichten von Mystikern und fortgeschrittenen Seelen, nicht auf persönlichen Erfahrungen des Verfassers. Da unterschiedliche Quellen genutzt wurden, ergeben sich Überschneidungen bzw. Ungenauigkeiten bei den Abgrenzungen der Ebenen, bei der Zuordnung von Bezeichnungen und so fort. Die Beschreibung wurde trotz ihrer möglichen Unzulänglichkeit dennoch gegeben, um zumindest einen gewissen Einblick in innere Ebenen zu vermitteln, deren Wirklichkeit für die Menschen, die sie erleben, um Vieles handfester ist als die äußere Welt. Fühlen Sie sich bitte ermuntert, selbst nach innen zu gehen und eigene Erfahrungen zu machen.

Ausklang

Meister Eckehart machte einmal in einer Predigt über die Armen im Geiste folgende Aussage. Dieses Zitat aus der Sammlung seiner Predigten und Traktate bildet für mich eine Quintessenz des *Lebens aus der Kraft der Mittel im Rhythmus des Atems der Seele.*

»Ein großer Meister sagt, dass sein Durchbrechen edler sei als sein Ausfließen, und das ist wahr. Als ich aus Gott floss, da sprachen alle Dinge: Gott ist. Dies aber kann mich nicht selig machen, denn hierbei erkennen ich mich als Kreatur. In dem Durchbrechen aber, wo ich ledig stehe meines eigenen Willens und des Willens Gottes und aller seiner Werke und Gottes selber, da bin ich über allen Kreaturen und bin weder Gott noch Kreatur, bin vielmehr, was ich war und was ich bleiben werde jetzt und immerdar. Dass wir so leben mögen, dass wir es ewig erfahren, dazu helfe uns Gott. Amen.«

Anhang

Ausgewählte Literaturhinweise

Philip Carr-Gomm: *Die Weisheit der Druiden* – Eine Einführung in die keltische Spiritualität ; Lüchow Verlag 2004
Andrea Conti: *Fasten, Loslassen. Leichter werden* – Neubeginn für Körper, Geist und Seele ; Lüchow Verlag 2005
Rabbi Tzvi Freeman / Rabbi Menachem Mendel Schneerson: *Den Himmel auf die Erde bringen* – Jüdische Weisheit; O.W. Barth Verlag 1999
Serge Kahili King: *Huna* – Der hawaiianische Weg zu einem erfüllten Leben; Lüchow Verlag 2004
Yvonne Helene Koch: *Astrokinesiologie* – Botschaften des Körpers und des Kosmos erkennen und nutzen; VAK Verlag 2005
Ingrid Kraaz von Rohr: *Naturheilkunde für Frauen in der Lebensmitte*; Knaur Verlag 2003
Darshan Singh: *Spirituelles Erwachen* – Positive Mystik im Alltag; SK Publikationen München; Hof 2000
Rajinder Singh: *Heilende Meditation* – Ein Übungsbuch; Urania Verlag Schweiz 1996
Ders., *Die Weisheit der erwachten Seele* – Einführung in die Spiritualität; Urania Verlag Schweiz 2002
Dr. Chuck + Lency Spezzano: *Es muss einen besseren Weg geben* – Eine Einführung in die Modelle und Methoden der Psychologie der Vision; Via Nova Verlag 2003
Chuck Spezzano: *Karten der Heilung* – Verschwörungsmuster und Heilungskräfte, um sie aufzulösen, 90 Karten und ausführliches Buch; Urania Verlag Schweiz 2004
Dhyani Ywahoo: *Dem Ruf der Erde folgen* – Leben und Botschaft einer indianischen Schamanin; Lüchow Verlag 2004
Hella Zahrada: *Ephides – Ein Dichter des Transzendenten.* Inspirierte Texte und Gedichte; Anthos Verlag 2002

Einige andere Bücher des Autors

Worauf es ankommt – Impulse zur spirituellen Entwicklung; Via Nova Verlag 2004
Geheime Herrscher der Welt – Die Meister von Licht und Dunkel; Hugendubel Verlag 2001
Einführung in die Horoskopdeutung – Planeten, Zeichen, Häuser und Aspekte; 3. erw. Auflage mit Chiron, Lilith und Isis; Urania Verlag Scheiz 2004
Die Horoskopuhr und andere astrologische Prognosemethoden; Chiron Verlag 2004

Zum Autor

Wulfing von Rohr ist Fachbuchautor und Seminarleiter. Er war viele Jahre Mitglied des Vorstands des Berufsverbands Deutscher Yogalehrer und hatte die Ausarbeitung eines Ausbildungscurriculums mitgestaltet sowie eine Quartalszeitschrift, das Deutsche Yoga-Forum, herausgegeben. Über zwanzig Jahre lang hat er als Fernsehjournalist und Dokumentarfilmautor gearbeitet.

Wulfing von Rohr hat mehrere große internationale Friedenstreffen und interkulturelle Begegnungen organisiert bzw. moderiert, so »Frieden durch Bewusstsein« in München 1999, »Interreligiöser Austausch« in Luzern 2000, »Friedenstage Salzburg« 2002. Er arbeitet als Übersetzer auf dem Gebiet von Schamanismus und Huna, Buddhismus und indianische Weisheit, modernes Druidentum und spirituelle Lehren. Als Koautor hat er zahlreiche Bücher über natürliche Heilmethoden geschrieben, zum Beispiel mit Chris Griscom, Divo Köppen-Weber, Ingrid Kraaz, Sandelan, Beate Sprissler, Suzan Wiegel. Er ist Verfasser zahlreicher eigener Bücher, über Psychologie, Meditation, Spiritualität, Astrologie und Tarot. Er arbeitet mit als Mitglied in der »Society for Meditation and Meditation Research«, im gemeinnützigen Verein Life Forum e.V. und in der Großgmainer Marienbruderschaft. Derzeit lebt Wulfing von Rohr in Salzburg.

Kontakt:
e-mail: wulfing@aon.at
Webseiten: www.wulfingvonrohr.de
www.herzen-heilen.de